# 유영만의 청춘경영

들이 이
대 고

| 유영만 지음 |

저 질
러 봐

유
영
**청** 만
**춘** 의
**경**
**영**

새로운 제안

**개정증보판을 펴내며**

# 청춘의 위기, 위로로 치유되지 않는다!

《청춘경영》 초판을 출간했던 2009년, 프롤로그에 "아무도 손잡아 주지 않는 외로운 청춘들에게: 스무 살의 나는 꿈이 없는 청년이었습니다!"라는 제목으로 내가 살아온 힘겨웠던 지난 과거를 용감하게 고백한 적이 있습니다. 그 후 프롤로그 글에 감동을 받았다는 수많은 이메일을 받았습니다. 지금의 대학교수라는 사회적 경력과 과거의 용접공이라는 힘든 역경 사이에 존재하는 삶의 간극에 많은 사람들이 감동을 받은 듯 했습니다. 그만큼 지금의 모습으로 과거의 행적을 짐작하기가 쉽지 않았기 때문이었을 겁니다.

프롤로그 글을 쓰면서 나도 이렇게 힘든 상황을 극복하면서 마침내 역경을 뒤집어 경력으로 만들었다는 성공담을 들려주고 싶지 않았습니다. 성공하기 위해서는 나처럼 생각하고 행동해야 된다는 교과서적 처방전을 주려는 목적도 없었습니다. 오히려 성공한 결과를 보여주기보다 성취하면서 성장하고, 성숙하면서 아팠던 내 삶의 굴곡과 얼룩을 진솔하게 보여주고 싶었습니다.

청춘은 심장이 뛰고 피가 끓는 시기입니다. 청춘은 열정을 불태우고 온몸으로 부딪히면서 시행착오를 경험하며 값진 인생의 교훈을 얻는 시기입니다. 청춘은 뭔가를 '성취'하는 시기가 아니라 '심취'하는 시기입니다. 청춘은 어딘가에 '도달'하는 시기가 아니라 뭔가를 끊임없이 '도발'하는 시기입니다. 지금 대부분의 청춘들이 부딪히는 시련과 난관처럼 저 역시 회색빛 청춘 시절을 보내면서 꿈이 뭔지도 모르고 살았던 적이 있었습니다. 지금 생각해보면 꿈이 무엇인지 모르고 방황했던 소중한 체험 덕분에 꿈은 머리로 꾸는 게 아니라 몸으로 꾸는 것이라는 점을 깨닫게 되었습니다.

청춘이 직면한 진정한 위기는 위로로 극복되지 않습니다. 청춘의 위기는 위기 현장에 온몸을 던져야 극복될 수 있습니다.

앉아서 위로받을수록 위기는 기회와 멀어지면서 위험천만해집니다. 청춘의 특권은 머리에 있지 않고 몸에 있습니다. 몸은 맘이 거주하는 우주입니다. 몸이 망가지면 몸 안에 거주하는 맘도 무너집니다. 청춘의 열정은 건강한 몸과 오랫동안 몰두해도 지치지 않는 체력에서 나옵니다.

여러분! 한계에 도전하면서 뜨거운 열정과 야망을 불태울 수 있는 영원한 청춘으로 살아가기를 바랍니다. 우리가 살아갈 날도 며칠 남지 않았습니다. 한순간의 축적이 한평생을 만들어갑니다. 매순간을 경이로운 기적과 감동으로 만들어가기를 기원합니다.

봄이 오는 길목에서 영원한 청춘,

지식생태학자 유영만

青春經營

**차례**

개정증보판을 펴내며    청춘의 위기, 위로로 치유되지 않는다!  4
프롤로그    아무도 손잡아 주지 않는 외로운 청춘들에게  11

### Stage 1  어디로 갈지 방향부터 잡아봐

- 방황을 해봐야 방향을 잡을 수 있어  42
- 목표를 달성해야 목적을 이룰 수 있어  48
- 소망에 열망을 보태면 희망의 싹이 터  52
- 꿈은 기능성보다 가능성에서 생겨나  59
- 집착에서 벗어나 집중할 때 집념이 생겨  63
- 성공하는 사람은 어제보다 이제를 중시해  67
- 속도 속에서는 다르게 볼 수 있는 각도가 나오지 않아  71
- 어버이날 하늘나라로 부치는 편지  76

## Stage 2  마음의 눈을 뜨고
세상을 바라봐

- 깊이가 높이를 결정해  84
- 긍정은 걱정도 사라지게 해  87
- 한탄만 하면 한심해지고 감탄하면 감동이 찾아와  91
- 중요한 일보다 소중한 일을 먼저 해  95
- 육안과 뇌안보다 심안과 영안을 개발해야 해  98
- 뭐든지 재미있게 하다보면 재능이 쌓여  101
- 이성은 결론을 낳지만 감성은 행동을 낳지  106
- ◎ **사랑하는 딸의 생일을 축하하며**  110

## Stage 3  상상과 창의력이
너를 구원해 줄 거야

- 생각이 달라지면 생활이 달라져  118
- '몰상식'한 사람이 새로운 '상식'을 만들어  121
- 통념을 뒤집어야 통찰을 할 수 있어  124
- 상식을 뒤집어야 식상해지지 않아  128
- 세상에서 가장 아름다운 병, 궁금증  131
- 상상은 일상에서 시작돼  134
- 상상을 해야 비상할 수 있어  138

**Stage 4** 질문과 깨달음의
언덕으로 올라와

- 의심하지 말고 의문을 품고 질문해   144
- 의견은 편견이 될 수 있어   148
- 깨우침과 깨침이 있어야 깨달음을 얻을 수 있어   153
- 기억은 짧고 기록은 길어   157
- 정보는 획득하는 것이고 지식은 체득하는 거야   161
- 주식에 투자하지 말고 지식에 투자해   165
- 휴식이 없으면 지식도 없어   168
- ◎ **인생의 스승, 모건 박사님에게 보내는 스승의 날 편지   172**

**Stage 5** 성장을 넘어
성숙의 시간에 도착했어

- 지금은 성장보다 성숙해야 될 시간이야   180
- 남보다 잘하려 하지 말고 전보다 잘하려고 노력해   184
- 최고는 언제나 최악을 친구로 살아가   188
- 제대로 하지 않으면 저절로 되지 않아   193
- 비슷한 일을 또 하고 다른 일을 다시 해   198
- 초심을 잃지 않아야 뒷심이 발휘돼   202
- 사라지지 않으려면 살아가야 해   206

## Stage 6 이제 용기를 갖고
도전할 때가 왔어

- 용기容器를 깨뜨릴 수 있는 용기勇氣가 필요해  214
- 도망가지 말고 도전해봐  219
- 화초보다 잡초가 아름다워  223
- 아름다운 사람은 앓고 난 뒤 아픔을 견뎌낸 사람이지  227
- 변화는 책상에서 일어나지 않는다  230
- 머리만 굴리지 말고 손가락을 움직여봐  234
- 창문만 바라보지 말고 문을 열고 나가봐  237
- 어느 독자에게서 날아온 이메일  240

## Stage 7 어울리는 일을 하다보면
꿈은 현실이 돼

- 각성해야 달성할 수 있어  248
- 색다르면 저절로 남달라져  252
- 편안하면 죽고 불편하면 살 수 있어  255
- 명품은 내면의 기품에서 나오지  259
- 정지하지 않으면 정진할 수 없어  262
- 직선은 곡선을 이길 수 없어  266
- 어울림이 곧 아름다움이야  269

# 프롤로그

## 아무도 손잡아 주지 않는 외로운 청춘들에게

스무 살의 나는 꿈이 없는 청년이었습니다!

# 꿈을 꾼다는 것이
# 뭔지 몰랐습니다

#1

**부족한 환경은 심한 몸살과 같습니다**

●       "개천에서 용 난다"는 말이 있습니다. 주로 가난한 집에 태어난 아이가 열심히 공부하여 성공하는 경우를 일컫는 말입니다. 그런데 요즘 우리는 개천에서 용 나기가 점점 어려워지는 시대를 살아가고 있습니다. 그럼에도 여전히 개천은 용이 탄생하는 곳의 하나입니다. 어려운 일을 일컬어 '하늘의 별 따기'라고 말합니다. 하늘에서 별을 따는 것은 물론 어려운 일이지만 드물게 그런 사람이 있습니다. 개천에서 나온 용과 하늘에서 별을 따는 사람의 공통점은 시련과 역경

속에서도 포기하지 않는다는 데 있습니다.

좋은 환경이 언제나 좋은 조건으로 작용하진 않습니다. 개천이라는 악조건과 별을 따기엔 너무도 드높은 하늘은 한계 상황에 가까운 삶의 터전입니다. 그러나 남들이 한계 상황이라고 도전을 포기할 때 누군가는 "왜 안 돼?"라는 생각을 하게 됩니다. 세상은 그렇듯 "왜 안 돼?"라고 묻는 사람을 골라 길을 열어줍니다. 그러나 이렇게 묻는 데는 자신을 송두리째 내던질 수 있는 큰 용기가 필요합니다. 또 장차 큰일이 맡겨지는 사람도 따로 있는 듯합니다. 그들이 가는 길엔 어김없이 시련과 역경이 '짠' 하고 나타납니다. 그러나 그런 사람은 신기하게도 자신의 걸림돌이 큰일을 하는데 필요한 디딤돌임을 불현듯 깨닫게 됩니다.

사람들은 내 얼굴을 보고 괜찮은 집안에서 태어나 별다른 고생 없이 부모님 도움으로 유학을 마치고 쉽게 대학교수가 되었을 거라고 생각합니다. 행운인지 불행인지 모르겠으나 내 얼굴에는 시련과 역경을 겪은 흔적이 남아 있지 않은 것 같습니다. 그 이유가 무엇일까 생각해본 적이 있습니다. 그것은 내 환경을 원망하지 않았기 때문인 것 같습니다. 환경은 단지 내게 심한 몸살과 같은 것이었습니다. 심하게 몸살을 앓고 나면 몸이 새롭게 태어납니다. 그래서 내게 누군가 '아름다움'이 뭐냐고 묻는다면 앓고 난 사람에게 풍기는 '사람다움'이라고 답합니다. '아름다움'은 '앓음'에서 나왔다고 합니다.

**학교에 다니는 친구들이 부러웠습니다**

● 충청북도 음성군 원남면 문암리 908번지, 이곳이 내가 태어난 곳입니다. 얼마 안 되는 땅에서 농사를 지으며 초등학교 시절을 보냈습니다. 아버지는 얼굴이 기억나지 않을 정도로 아주 어렸을 적에 돌아가셔서 어머니 홀로 저를 키우셨습니다. 근근이 학교를 다니며 낮에는 농사를 짓고, 산에 가서 땔감을 마련하고, 소를 몰고 들판에 가서 풀을 뜯어 먹이곤 했습니다. 봄에는 냉이와 달래를 캐먹고, 여름이면 토마토와 오이를 재배해서 먹고, 가을이면 얼마 안 되는 논밭에서 나는 곡식을 거둬들였습니다. 개구리와 메뚜기는 참으로 맛있는 간식이었습니다. 들이나 산에서 나는 산딸기와 뽕, 머루 등은 배고픔을 잊게 해준 중요한 식량원이었습니다. 참나무에서 나오

는 도토리로 겨울철에 묵을 쑤어 먹는 즐거움은 잊을 수 없는 추억이 되었습니다. 가난했지만 가난함이 고통인 줄 모르던 시절이었습니다.

어려웠던 집안 사정으로 초등학교를 졸업하고 아예 농사를 지었습니다. 어머니가 혼자 어렵게 꾸려가는 살림살이로는 중학교 입학금을 낼 돈이 없었기 때문입니다. 이른 아침 밭에 나가서 김을 매고 돌아오는 길이면 친구들이 학교에 가는 모습이 보였습니다. 창피하기도 하고 자존심이 허락하지 않아서 그 애들이 보이지 않는 길로 놀아서 집에 오기도 했습니다. 땡볕에서 일을 할 수 있는 얼마 안 되는 밭과, 흰 쌀밥을 먹게 해주는 몇 평의 논이 유일한 희망이었습니다.

일 년이 지났습니다. 중학교에 가고 싶었습니다. 그때 내가 왜 그런 생각을 하게 되었는지 지금 생각해도 신기합니다. 어느 누구도 가르쳐준 적이 없었습니다. 처음으로 어머니를 졸랐습니다. 어쩌면 안 될 수도 있다고 생각했기에 마음 단단히 먹고 말을 꺼냈습니다.

"어머니, 저도 이제 학교에 갈랍니다."

어머니는 한숨을 쉬시더니 "공부하고 싶으면 그리 해야지 어찌 하겠나. 더 늦기 전에 중학교에 가거라" 하셨습니다. 학비는 농사지은 것으로 마련했습니다. 농사를 지으며 작은 구멍가게를 운영했던 것이 도움이 많이 되었습니다. 요즘 말로 하자면 투잡스를 한 셈입니다. 일 년 후에 교복과 모자를 쓰고 중학교에 첫발을 내딛었던 날은 지금도 잊을 수가 없습니다. 그렇게 학교가 가고 싶어서 들어갔건만 1학년 때는 성적도 별로인 데다가 어리바리하게 지냈습니다. 초등학교 때부터 했던 축구에만 몰입했습니다. 당시 축구화가 2~3백 원 했는데 그 돈이 없어서 맨발로 축구를 했습니다. 발가락이 부러질 정도로 무식하게 했습니다. 어머니가 콩과 팥을 팔아서 축구화를 장만해주셨을 때는 정말 하늘을 날 듯 기뻤습니다. 2학년 때부터 공부를 시작해 졸업 성적은 전교 5등이었습니다. 아무튼 남들 다 가는 중학교도 내게는 엄청난 도전이었습니다.

### 대학 진학 대신 용접을 하며 남다른 청소년기를 보냈습니다

● 　　　　중학교를 졸업하고 친구들은 대부분 인문계 고등학교에 들어갔지만 나는 넉넉하지 못한 가정형편으로 실업

계 고등학교인 수도전기공업고등학교를 진학했습니다. 당시 그 학교는 전액 장학금에 기숙사 시설까지 완비된 파격적인 공업 고등학교였습니다. 중학교 졸업 성적이 좋은 편이었기 때문에 전액 장학금과 기숙사비 면제 조건으로 입학하게 되었습니다.

고등학교 시절은 책과 필기구 대신 깎다 만 쇳덩어리와 쇠를 다듬는 줄이 담긴 무거운 가방이 어깨를 더욱 무겁게 짓눌렀던 나날이었습니다. 한여름의 열기 속에서 두 개의 철판을 붙이던 용접공으로 청소년기를 보낸 대학교수. 이것이 나입니다. 요즘도 거리를 지날 때 가끔씩 건설 현장 같은 데서 용접하는 모습이 보이면 그냥 지나치게 되질 않습니다. 용접은 엄청난 집중력을 요하는 일이기에 용접공의 표정은 언제나 진지할 수밖에 없습니다.

손이 시리다는 것의 의미를 나는 용접에서 배웠습니다. 추운 겨울날 철판을 만져본 사람만이 그 의미를 알 수 있습니다. 철판은 의외로 온도에 예민합니다. 추울수록 더욱 차가워졌던 철판과, 더울수록 더욱 뜨거워지는 용접질과 함께 십대를 보냈습니다. 밤늦게까지 실습실에서 용접질을 하며 용접기능공 시험을 열심히 준비했으나 당연히 붙으리라 생각했던 용접기능사 2급 자격증 시험에서 보기 좋게 떨어졌습니다. 인문계로 치면 대입 수능시험에서 떨어진 거나 마찬가지였지요. 용접하다가 딴 생각을 했을까요? 나는 그때 도대체 왜 떨어졌는지를 알 길이 없습니다.

고등학교 2학년 때, 어머니가 세상을 떠나셨습니다. 일찍 아버님을 여의였기에 내겐 어머니의 존재감이 워낙 컸습니다. 그런데 그런 어머니마저 없어져버린 것입니다. 삶이 아직 어른이 되지 못한 나를 궁지로 몰아가는 느낌이었습니다. 다가온 시련에 대해 내가 대응할 수 있는 길은 방황뿐이었습니다. 설상가상으로 학교에서는 별것 아닌 일이 커져 '후배 구타 사건'의 주동자가 되고 말았습니다. 그 사건 이후 나는 무기정학을 당했고, 괴로운 마음을 달래기 위해 처음으로 술을 마셨습니다. 학교 근처 포장마차에서 하소연과 푸념을 하며 나날을 보냈습니다.

연이어 닥친 시련에 방황은 계속되었습니다. 방황하는 공고생. 기대도 희망도 없이 그저 하루하루를 보내는 날들이었습니다.

#2 나도 꿈을 꿀 수 있다고
생각했습니다

**책이 인생을 바꾸는 기적을 일으켰습니다**

● 고등학교를 졸업하고 졸업 조건에 명시된 대로 한국전력공사에서 9년 동안 의무적으로 근무해야 했습니다. 그렇게 시작한 첫 직장생활이 평택화력발전소 운전 기능공이었습니다. 휴일과 국경일에 관계없이 사흘 일하고 하루 쉬는 근무 조건이었습니다. 물론 많은 젊은이들이 취업하고 싶어하는 선망의 직장은 아니었지만 여러 가지 복지 혜택에, 어느 정도 미래도 보장되는 직장이었습니다. '안정'이 가장 중요한 선택의 기준이라면 그럭저럭 괜찮은 직장이었습니다. 공고 출

신이 할 수 있는 일이 그리 많지 않다는 것을 알고 있다면 감사해야 할 일자리임에 분명했습니다. 그런데도 나는 하루하루 뭔가 손해 보는 느낌이었습니다. 그 이유는 내가 '청춘'이었기 때문입니다. 청춘이 아니었다면 별 문제 없었을지도 모릅니다. 한참 꿈을 갖고 도전할 나이였지만 나는 이 상황에서 벗어나 내 심장이 뛰는 인생을 살고 싶다거나 하는 생각까진 못했습니다. 그저 하루하루 무덤덤하게 일을 했고, 월급날이 끼는 주에는 매일매일 술을 마셨습니다. 목적을 알 수 없는 방황이었습니다. 방황의 늪은 생각보다 깊었습니다. 탈출하고 싶었지만 도대체 어디로 가야 할지 어떻게 해야 할지 방향을 알지 못했습니다.

술친구를 구하지 못해 평택 시내에서 혼자 술을 마신 어느 날이었습니다. 술집 근처에 서점이 있었는데 유리창 너머로 책을 보는 사람들이 우연히 눈에 들어왔습니다. 문득 들어가 보고 싶었습니다. 서점 안의 시집과 소설책 코너를 어슬렁거렸습니다. 그러다 그 옆의 수험서 코너 한구석에 꽂혀 있던 책 한 권이 눈에 띄었습니다. 《다시 태어난다 해도 이 길을》이라는 지독히 촌스런 제목의 책 한 권이 내 인생을 송두리째 흔

들어 놓을지는 알지 못했습니다.

그 책은 고시 합격 체험 수기집이었습니다. 책을 쭉 훑어보던 중 한 공고 졸업생이 고시에 합격하기까지의 여정을 절절하게 써내려간 글을 읽게 되었습니다. 나는 그때 잠시 멍한 기분이 되었습니다. 공고 출신이 고시공부를 한다는 것은 그때까지 단 한 번도 해보지 못한 생각이었기 때문이었습니다. 처음엔 멍하더니 그 다음엔 명치끝이 아려왔습니다.

'공부.'

이 두 글자가 명치끝을 파고들었습니다.

그 날로 술 마시던 습관을 끊었습니다. 독학으로 고시에 패스할 자신은 없었기에 우선 법과대학에 들어가야 했습니다.

대학입시를 위한 사투가 시작되었습니다. 주야를 겸행하는 강행군이었지만 인생의 목표가 생겼기에 피곤하지도, 두렵지도 않았습니다. 그때 내가 가진 것은 공고 졸업장과 공고에서 익힌 기술 몇 가지가 전부였습니다. 대입 시험을 치르기 위해 공부해야 하는 과목은 감당하기 어려웠습니다. 고전이라는 과목은 고문처럼 느껴졌고, 영어와 수학은 중학교 3학년 실력밖에 되지 않았습니다. 곧 한 해 동안의 공부 계획을 세우고 바로 실천에 옮겼습니다. 백지 상태에서 시작한 공부였기에 좌절과 낙망이 계속되었지만 해내고야 말겠다는 의지와 물러설 수 없다는 투지밖에 없었습니다. 집채만 한 발전기가 돌아가는 기계들 틈에서, 그 엄청난 소음도 방해가 되지 않았습니다.

밤 11시에 출근해서 그 다음 날 새벽까지 밤을 새워 공부했으나 성취는 지지부진이었습니다. 하루 이틀, 시간이 갈수록 초조해졌습니다. 생각만큼 공부 진도는 안 나가고, 예상했던 점수는 나오지 않았습니다. 삼 년 동안 용접만 하다가 다시 잡은 책은 친근하게 다가오지 않았습니다. 슬럼프에 빠져 한동안 책을 놓기도 했고, 허황된 꿈을 꾸고 있는 건 아닌지 의심해보기도 했습니다. 하지만 아무런 목표 없는 인생으로 다시 되돌아가고 싶진 않았습니다. 술을 끊고 공부를 시작할 때 아무도 모르게 써 놓았던 사퇴서를 꺼내 보았습니다.

　다시 독기를 품었습니다. 낮에 일하고 밤에 공부하고, 밤에 일하고 낮에 공부하는 생활을 반복했습니다. 며칠 동안 잠을 안 자도 몸과 마음이 이상하리만큼 가벼웠습니다. 생각한 대로 안 되어도 좋으니까 시작한 일을 끝까지 해보자라고 하루에도 몇 번씩 다짐했습니다. 내가 나를 이기지 못하면 아무것도 이길 수 없다는 것을 매일매일 깨닫고 있었습니다. 직장 생활과 병행해야 했기에 학원이나 과외 공부는 엄두도 못 내었습니다. 완전한 독학이었고, 도움을 받은 게 있다면 방송통신고등학교 라디오 방송뿐이었습니다.

### 긴 방황은 우연히 끝났습니다

● 애초에 사법고시가 목표였기에 당연히 법학과에 들어가야 했습니다. 그러나 기대했던 만큼 성적이 나오지 않았습니다. 차선책으로 행정고시를 준비할 수 있는 행정학과를 모색해봤지만 역시 역부족이었습니다. 그러다가 우연히 교육행정고시라는 게 있다는 걸 알게 되었고 '교육공학과'라는 아주 생소한 학과를 선택했습니다.

그때 내 경제생활은 이렇게 꾸려졌습니다. 등록금은 입학할 때 반액 장학금을 받아 등록금의 절반을 첫 학기에 낸 다음 빌딩 야간 경비를 해서 생활비를 충당했습니다. 자취방을 사글세로 얻어서 살았습니다. 한전에서 받은 퇴직금으로 한 학기를 버틴 다음 1학년 2학기 이후부터 훗날 대학원을 마칠 때까지 과외를 해서 생활비를 충당했습니다. 등록금은 학과에서 수석을 하면 안 내도 되었기에 무조건 1등이 목표였습니다. 다행히 내가 다니던 학과에는 나처럼 독기 품고 다니던 친구가 없었습니다. 그런 친구가 또 있었다면 그것 또한 문제였을 것입니다. 다른 친구들이 나를 위해 살짝 자리를 비켜주었는지는 알 수 없지만 아무튼 나는 4년 동안 등록금을 안 내고 학교를 다닐 수 있었습니다.

그러나 그렇게 독하게 살아야 하는 형편에도 불구하고 방황은 계속 되었습니다. 대학에 들어오면 뭔가 해결될 줄 알았는데 크게 해결된 것이 없었기 때문이었습니다. 방황을 끝내지 못하고 군대에 입대했습니다. 방황의 끝은 우연한 행동에서 비롯되었습니다. 제대를 하고 복학을 한 후 어느 날 나는 왜 대학에 왔는가를 나 자신에게 따져 물어 보았습니다. 그리고 미래에 대해 진지하게 고민해봤습니다. 내 마음속에 '고시'가 있는 한 마음이 산란할 수밖에 없다는 생각이 들었습니다. 그래서 그동안 가지고 있던 고시 관련 책들을 모두 태워버렸습니다. 그것은 일종의 '세레모니'였습니다. 내가 고시 때문에 방황할 수밖에 없던 것은 그것이 내 진정한 꿈이 아니었기 때문이었습니다. 내가 진정한 법조인의 길을 가기 위한 과정으로서 고시의 목표를 가졌다면 그렇듯 마음 산란한 방황을 하지는 않았을 것입니다. 그러나 나는 그냥 '고시' 그 자체가 목표였기에 내 방황은 너무나 당연한 것이었습니다. 고시 책을 태워버리는 세레모니가 내게는 진정한 꿈을 품게 해주었습니다. 그날 이후부터 나는 내 전공학과인 '교육공학'이라는 학문을 찬찬히 들여다보게 되었습니다.

# 사람이 성장하면
# 꿈은 바뀔 수 있습니다

**독해지지 않으면 젊음은 너무 짧습니다**

● 수석을 놓치지 않고 교육공학과를 다니면서도 정작 나는 교육공학이라는 학문이 사람과 세상을 변화시킬 수 있는 공부라는 생각을 하지 못했습니다. 교육공학 공부를 통해 그때 깨달은 것이 '삶의 방정식'입니다. 삶의 방정식은 앎과 삶이 모두 옳음이라는 가치를 추구할 때 풀 수 있는 답이었습니다. 진정한 용기는 앎과 삶이 일치되는 가운데, 어떠한 딜레마 속에서도 옳음을 지향하는 자세와 태도에서 발휘된다는 것을 깨닫게 되었습니다. 소금에 절이는 고통이 없

다면 생선은 썩을 수밖에 없습니다. 마찬가지로 앎과 삶의 여정을 옮음이라는 소금에 절이지 않으면 앎도, 삶도 썩을 수밖에 없습니다. 교육공학은 그렇듯 사람들이 '앎'의 기반을 튼튼히 하는 일을 돕는 것이라는 생각에 이르자 나는 가슴이 벅찼습니다. 그때부터 나는 교육공학을 제대로 공부해보겠다는 생각을 했습니다. 그런데 이 학문은 단지 전공서적만 파서는 해결되는 게 아니었습니다. 그래서 닥치는 대로 책을 읽기 시작했습니다. 인문학의 바다에 빠지기로 작정한 것입니다.

어린 시절 위인전 한 권을 읽은 적이 없던 나입니다. 내가 이런 말을 하면 학교 친구들은 '농담하지 마, 그런 사람이 어디 있어!'라고 진지하게 받아들이지 않았습니다. 그런데 사실입니다. 나는 자라면서 책을 읽어본 적이 없습니다. 그래서 책의 세계에 그토록 미치게 되었는지도 모르겠습니다. 정말 미쳤습니다. 책 한 권을 잡고 끝까지 읽지 않으면 잠자리에 들어도 천장 위로 활자가 어른거렸습니다. 게임이나 연애에 빠졌을 때 그런 체험을 한다고들 하는데 나는 책이 그랬습니다. 책을 읽으면 지식이 쌓였다는 뿌듯함보다는 마음이 아팠습니다. 나는 왜 지금 이렇게 밖에 살 수 없는 것일까 하는 자의식이 마음을 짓눌렀습니다. 한없이 부끄럽기만 했습니다. 한 친구에게 그 이야기를 했더니 정상이 아니라는 진단을 내렸습니다. 맞습니다. 그때 나는 정상이 아니었습니다.

경제력이 받쳐주지 않았지만 대학원 진학을 생각하는 것은 너무도 자연스러운 일이었습니다. '나는 공부할 자격과 능력이 있는가? 내가 궁극적으로 공부를 통해 달성하고자 하는 바는 무엇인가?' 끝없는 질문과 성찰이 잡아끌었습니다.

저것은 벽
어쩔 수 없는 벽이라고 우리가 느낄 때
그때,
담쟁이는 말없이 그 벽을 오른다.
물 한 방울 없고, 씨앗 한 톨 살아남을 수 없는
저것은 절망의 벽이라고 말할 때
담쟁이는 서두르지 않고 앞으로 나간다.
한 뼘이라도 꼭 여럿이 함께 손을 잡고 올라간다.
푸르게 절망을 다 덮을 때까지
바로 그 절망을 잡고 놓지 않는다.

저것은 넘을 수 없는 벽이라고 고개를 떨구고 있을 때

담쟁이 잎 하나는 담쟁이 잎 수천 개를 이끌고

결국 그 벽을 넘는다.

도종환 시인의 〈담쟁이〉라는 시입니다. 나는 그때 담쟁이가 되고 싶었고, 하루하루 담쟁이가 되어 가고 있었습니다.

'미쳐야 미친다 不狂不及'. 내가 아끼는 말입니다. 김종량 총장님의 도움으로 장학금을 받아 석사과정을 할 수 있었고 생활비는 과외를 해서 충당했습니다. 석사과정이 끝나갈 무렵 미국 유학을 생각했습니다. 물론 내 형편을 따진다면 미국 유학은 언감생심입니다. 그러나 나는 이미 미쳐 있었기에 다른 생각은 하지 않았습니다. 그런데 기적처럼 내 손을 잡아주는 사람들이 나타나기 시작했습니다. 현재 한양대 이사장님, 허운나 전 정보통신대학교 총장님, 그리고 교육공학과 교수로 나와 같이 후배들을 지도하시고 지금은 은퇴 이후의 아름다운 삶을 살아가시는 권성호 교수님과 류완영 교수님 이런 분들이 모두 내 손을 잡아주셨습니다. 그분들의 따뜻한 손을 잡고 나는 태평양을 건너겠다는 무모한 결심을 하게 된 것입니다. 참, 그때 나를 잡아준 따뜻한 손들 중에는 내 아내의 손도 있었습니다. 그 와중에 나와 결혼해줄 여자를 만나게 된 것은 정말 기적 같은 일이었습니다.

돈 없는 젊은이의 미국 유학은 공부와의 싸움보다는 돈과의 싸움이 먼저였습니다. 첫 학기에 목표한 등록금 전액면제 혜택을 얻기 위해 또 한 번 나 자신과의 처절한 사투를 벌여야 했습니다. 나의 일주일은 월화수목금금금月火水木金金金이었습니다.

연구조교를 하면서 월 7백~8백 달러 정도를 받았는데 한 가족의 생활비를 충당하기에는 절반 정도밖에 되지 않았습니다. 일식당에서 접시를 닦고, 스시 바에서 일하면서 가난한 유학생활은 아슬아슬하게 지탱되었습니다.

스스로를 독하게 몰아붙였기에 1차 목표했던 기간 안에 박사 학위를 받았습니다. 논문 최종 심사를 마치고 심사위원들이 의사결정을 하는 동안 잠시 밖에서 기다리고 있었습니다.

"축하합니다. 유영만 박사!"

지도교수가 악수를 청해왔을 때 벅차오르는 감격이 밀려왔습니다. 박사 학위가 흔한 시대이긴 하나 내겐 정말 소중한 것이었습니다. 거기에는 꿈을 찾고자 무모한 도전을 감행한 독한 청춘이 담겨 있었기 때문입니다.

# 꿈으로 가는 여정은 장밋빛 대로가 아닙니다

**더 높이 날기 위해서는 더 넓은 활주로가 필요합니다**

● 박사 학위를 빠르게 마칠 수 있었던 것은 지금은 세상에 안 계신 모건 박사님Dr. Robert M. Morgan의 크나큰 도움 덕분입니다. 모건 박사님은 내 인생의 멘토이자 영원한 스승입니다. 그 분은 내게 제자 사랑이 무엇인지 가르쳐준 분입니다. 나도 가르치는 자리에 있으면서 그 분의 제자 사랑을 흉내내보려고 애쓰고 있지만 늘 부족하다는 자책을 하게 됩니다.

박사 과정 마지막 학기에 삼성그룹에서 파견된 연수단 통역과 강의를 하면서 입사 제의를 받았습니다. 미국에서 박사 후 과정 Post Doctoral Course을 통해 연구 능력을 더 육성할 것인지, 회사에 입사해 경력을 더 쌓을 것인지 고민하다가 글로벌 삼성그룹에서 경력을 쌓는 것도 의미 있는 작업이라는 생각이 들었습니다.

삼성에 입사할 때 저 자신과 약속했습니다. 짧게는 3년, 길게는 5년 동안 일하면서 공부하고, 공부하면서 일하자는 약속이었습니다. 또 거기서 얻은 소중한 경험을 논문과 책으로 남기겠다는 약속을 했습니다. 기억은 짧지만 기록은 깁니다. 현장에서 보고 배운 경험을 글쓰기로 기록하지 않으면 남는 게 없기 때문입니다. 3년이 채 되기 전에 대학에서 교수로 와 달라는 몇 번의 제안이 있었지만 나 자신과의 약속을 지키고 싶었기에 현장에 머무르기로 했습니다.

삼성인력개발원에 있는 동안 정말 소중한 경험을 많이 했습니다. 박사博士가 박사薄士라는 생각도 들었습니다. '박사'의 '박博'이라는 한자가 얇을 '박薄'이 될 수도 있다는 생각이 들었습니다. 박사가 지닌 지식이 현실 변화에 별로 도움이 안 될 수 있다는 소중한 교훈을 얻었습니다. 현실과 동떨어진 지식은 관념적 파편이 될 수도 있음을 뼈저리게 느꼈습니다. 지식에 경험과 열정이 추가되지 않으면 그 지식은 목적 없이 떠돌아다니는 정보에 지나지 않습니다.

비행기는 갑자기 하늘로 날아갈 수 없습니다. 비행기가 날기 위해서는 넓은 활주로가 필요합니다. 비행기에게 활주로는 하늘을 날 수 있는 기반이자 무대입니다. 더 높이 날기 위해서는 더 넓은 활주로를 준비해야 합니다. 기본기와 토대를 닦지 않고 갑자기 날 수는 없습니다. 이처럼 무엇인가를 이루기 위해서는 치밀한 준비가 필요합니다.

집을 지을 때 현실에서는 결코 지붕부터 짓지 않는데, 교육 현장에서는 지붕부터 그리도록 가르칩니다. 현실과는 완전히 다른 방식입니다. 집 짓는 순서와 반대로 집을 그리는 교육은 현실적 실천력이 상실된 사이비 교육이라는 자의식이 만들어진 시간들이었습니다.

5년 동안의 현장 경험을 마무리하고 대학으로 돌아갈 준비를 했습니다. 현장에 있는 동안 끊임없이 논문과 책을 쓰면서 다가올 기회를 준비했습니다.

안동대학교를 거쳐 2001년 9월에 드디어 모교인 한양대학교 교육공학과 교수로 돌아왔습니다. 마침내 공부의 고향으로 돌아온 것입니다.

### 당신의 '해피엔딩'을 믿습니다

● 　　지금까지 내 이야기를 귀 기울여 들은 누군가는 "해피엔딩으로 끝나는 드라마군!" 하고 짧은 한마디로 감상을 말할 수도 있습니다. 그러나 내가 남루한 내 청춘의 긴 여정을 풀어놓은 이유는 용접공이 대학교수가 된 해피엔딩 스토리를 자랑하고자 함이 아닙니다. 내가 지금 현재를 살아가는 청춘들에게 느끼는 동질감 때문입니다. 지금 청춘들은 손잡아 줄 사람이 없습니다. 도와줄 어른이 아무도 없습니다. 혼자 일어서야 합니다. 그래서 지금 나는 아무도 손잡아 줄 사람이 없었던 내 청춘을 다시 떠올립니다.

　좌절이 있을 수 있습니다. 절망이 있을 수 있습니다. 좌절과 절망의 뒤안길에는 언제나 희망과 용기라는 선물이 있습니다. 지금 당장 꿈을 꾸지 못한다고 우울해하지 맙시다. 꿈은 언제든 내 가슴에 깃들 수 있습니다. 청춘은 꿈을 현실로 만드는 방황의 여정입니다.

모든 문이 다 닫혀 있는 듯해도 그렇지 않습니다. 새로운 가능성의 문이 우리를 기다리고 있습니다. 그 가능성은 부족함과 미완성에서 시작합니다. 처음부터 완벽한 사람은 없습니다. 부족함이 있어야 채우려는 열망이 생기고, 완성되지 않은 일이 있어야 달리려는 노력이 꿈틀거립니다. 부족함과 미완성은 그래서 잘못이 아닙니다.

실력은 명사가 아니라 동사입니다. 계속 갈고닦지 않으면 금방 녹이 슬지요 그래서 실력은 언제나 진행형입니다. 지금 실력이 없다고 너무 의기소침할 필요가 없습니다. 세상은 얼마 되지 않는 재주와 기교로 요리조리 머리를 굴리는 사람보다 작은 실천 속에서 장애물을 넘기 위해 애쓰는 사람에게 따뜻한 손길을 내민다는 사실을 믿어봐야 합니다. 순진하다는 비웃음을 듣더라도 이러한 믿음이 소중합니다. 그러다 보면 없던 실력도 생기는 법입니다.

실패를 해본 사람만이 자신이 누구인지를 알 수 있습니다. 실패를 해봐야 내가 무엇을 잘하는지, 그리고 잘 못하는지를 알 수 있습니다. 실패를 통해 아파보고 상처도 받아봐야 남의 아픔과 상처를 헤아릴 수 있습니다. 많이 실패하고, 아파보고, 온몸으로 고통을 겪어본 사람이 더 큰 기회를 얻을 수 있습니다. 우리에겐 이 순진해 보이는 믿음이 무엇보다 중요합니다.

  청춘은 생각하는 방법을 배우고 깨닫는 시기입니다. 급하게 이루고 성취하는 시기가 아닙니다. 남다른 생각이 무엇인지 그것을 탐구해야 하는 시기입니다. 생각하는 법을 알게 되면 자연스럽게 생각 너머의 생각을 하고 싶어집니다. 생각 너머의 생각을 할 수 있는 능력이 바로 상상력입니다. 상상력은 신이 인간에게 선사한 최고의 선물입니다. 상상력이 없는 청춘은 청춘이 아닙니다. 지금 당신의 청춘이 남루해 보이더라도 상상력이 있다면 그 청춘은 결코 남루하지 않습니다. 나는 당신의 해피엔딩을 믿습니다.

지식생태학자 유영만

*Stage 1*

# 어디로 갈지
# 방향부터 잡아봐

방황을 해봐야 방향을 잡을 수 있어 | 목표를 달성해야 목적을 이룰 수 있어 | 소망에 열망을 보태면 희망의 싹이 터 | 꿈은 기능성보다 가능성에서 생겨나 | 집착에서 벗어나 집중할 때 집념이 생겨 | 성공하는 사람은 어제보다 이제를 중시해 | 속도 속에서는 다르게 볼 수 있는 각도가 나오지 않아

❝

'방황'하는 젊음이 아름다운 거야. 지금 비록 아무런 '목적'과 '목표' 없이 '방황'한다고 너무 좌절하거나 절망하지 말자. 젊은 날의 '방황'은 인생의 어느 시점에서 새로운 '목적'을 갖고 자신의 '가능성'을 타진해볼 수 있는 중요한 밑거름이 될 거야. 어렴풋한 '소망'이 간절히 달성하고 싶은 '열망'으로 바뀌면서 마음을 뜨겁게 달구는 '희망'이 생길 거야.

잘못된 생각으로 한 때 뭔가에 '집착'했던 경험도 내가 정말 하고 싶은 분야에 '집중'할 수 있는 '집념'을 탄생시키는 원동력이 되거든. 너무 빨리 목적지에 다다르려고 서두르지 말고 남들이 보지 못하는 새로운 '각도'로 세상을 봐야 돼.

청춘은 내가 정말 무엇을 하고 싶은지, 막연하게 갖고 있었던 '소망'을 구체적인 나의 꿈으로 바꾸기 위한 유예기간이야. 더 치열하게 실험해보고 열정적으로 시도해봐. 그럼 길이 보일 거야. 뭔가를 이루는 사람들은 언제나 어제보다 이제를 중시하거든. 지금까지보다 지금부터를 소중하게 생각하지. 그리고 앞만 보고 달려가지 않고 어디로 가는지 항상 성찰하면서 속도를 줄이고 다르게 볼 수 있는 각도를 넓혀 나가지.

# 방황을 해봐야
# 방향을 잡을 수 있어

● 　　　방랑이란 대책 없이 이리저리 떠돌아다니는 표류나 유랑流浪을 말합니다. 방랑에는 뚜렷한 목적의식이 없습니다. 목적의식이 없기에 쉽게 끝이 보이지 않습니다. 그에 비해서 방황은 방향을 찾아가는 과정입니다. 지금 당장은 방향이 보이지 않지만 언젠가는 방법을 찾겠다는 소리 없는 외침이 들어 있습니다. 무언가를 지향하고 꿈을 꾸는 사람에게 방황은 방향을 찾기 위한 침묵의 시간입니다

　방황은 방향을 찾기 전에 반드시 거쳐야 할 필수 코스입니다. 방황하지 않고 남들이 가는 방향대로 나아가다보면 또 다른 방랑을 불러올 수 있습니다. 방황하는 시간의 깊이와 굴곡이 결국

흔들리지 않는 방향을 찾는 원동력이 됩니다.

방향은 직선주로로 펼쳐집니다. 반면 방황은 곡선의 궤적과 고민을 담고 있습니다. 방황의 여정은 보통 곡선을 그리며 방황하다가 직선으로 달려가게 됩니다. 그러나 세상에는 구불구불한 방황을 거치지 않고 쭉쭉 뻗은 방향을 찾으려는 사람이 많습니다.

개미도 먹이를 찾기 위해 곡선을 그리며 방황하다가 먹이를 발견하면 그때서야 직선주로로 달려갑니다. 곡선의 방황을 거치지 않은 직선의 방향은 방랑으로 전락하기 쉽습니다. 목적 없는 방랑보다 방황하되 방향성을 갖고 싶은 사람이나, 쉽고easy 빠른 고속도로road를 달리기보다 어렵고 힘들지만 굽이굽이 돌아 자신만의 길way을 찾은 사람은 방황을 통해 방향을 찾아야 합니다.

그 분야에서 최고인 best one은 언제든 바뀔 수 있습니다. 그러나 only one은 그 분야에서 누구와도 대체될 수 없는 존재입니다. 방황은 타인과 경쟁할 수밖에 없는 best one이 되기보다 세상에서 유일한 only one이 되고 싶은 사람이 거쳐야 하는 과정입니다. 방황을 거쳐 방향을 찾은 사람이야말로 자기 변신의 길과 무한한 가능성의 문을 발견할 수 있습니다. 방황하면서 겪은 아픔이 아름다운 삶의 원동력이 됩니다. 방황을 하면서 아파 본 사람에게는 사람다움과 삶의 아름다움이 배어 있습니다.

### 나를 키우는 물음표

나는 오늘 방랑한 시간이 많은가, 아니면 목적은 있지만 불투명한 미래를 위해 방황한 시간이 많은가? 방향이 보이지 않는다고 포기하면 방랑하게 되고, 방랑이 계속되면 다시 일어서는 방법을 찾기 어렵다. 그러나 딜레마를 탈출하는 방법이 있으리라는 희망을 버리지 않는다면 방황 끝에 방법을 찾을 수 있다.

### Start Again

인생에서 **방황**은 죄악이 아니다.
방황은 **필수조건**이다.

## 나무가
## 그랬다

비바람 치는 나무 아래서

찢어진 생가지를 어루만지며

'이 또한 지나가리라' 울먹이자


나무가 그랬다


정직하게 맞아야 지나간다고

뿌리까지 흔들리며 지나간다고


좋은 때가 있고 나쁜 때도 있지만

그냥 그렇게 지나가는 게 아니라고

뼛속까지 새기며 지나가는 거라고

나무가 그랬다

오직 그때만 할 수 있는 일이 있다고
행운의 때건 불운의 때건 지금 이 순간
꼭 해야만 하는 일이 있다고

비바람 치는 산길에서
나무가 그랬다
나무가 그랬다

_ 박노해, 〈나무가 그랬다〉

(《그러니 그대 사라지지 말아라》, 느린걸음, 2010.)

# 목표를 달성해야
# 목적을 이룰 수 있어

● 　　한양대학교로 오기 전 잠시 안동대학교에서 학생들을 가르친 적이 있습니다. 당시 내가 졸업한 모교인 한양대학교로 바로 돌아가서 가르치는 꿈을 꾸지 않은 것은 아닙니다. 그러나 교수를 시작하는 시점에서 어느 곳으로 가는지는 그렇게 중요하지 않았습니다. 꿈꾸던 일이 지금 당장 실현이 안 된다고 좌절할 필요도 없습니다. 어차피 인생은 한두 번만에 쉽게 모든 것이 풀리지 않게 되어 있습니다.

　목적purpose, goal은 방향성과 추상적인 지향성을 지닙니다. 이에 비해 목표objectives는 목적을 달성하기 위해 추진해야 하는 구체적인 대상을 뜻합니다. 목적은 관념적이고 추상적인 데

반해 목표는 구체적이고 실제적입니다. 즉 목적을 어느 단계에서 구체화시킨 것이 목표입니다. 따라서 목표 달성에는 시간적인 한계가 분명히 있지만, 목적은 관념적인 골인지점을 말합니다.

천리 길도 한 걸음부터라고 했습니다. 원대한 목적도 목표를 달성하지 않고서는 이룰 수 없습니다. 등고자비登高自卑라는 말이 있습니다. 높은 곳에 오르려면 낮은 곳에서 출발해야 된다는 뜻입니다. 무언가를 이루려면 목적이 이끄는 삶을 살아야 합니다. 강한 의지를 갖고 싶은 욕망의 목적지에 이르려면 작은 목표 지점을 수없이 통화해야 합니다. 수많은 난국과 위기가 상존하는 지금, 눈앞의 작은 목표는 흔들릴지라도 궁극적인 목적을 잃어버리면 생존 자체를 위협받을 수 있습니다.

목표는 주변 여건이나 사정에 의해 흔들리기 쉽습니다. 요즘 시대에는 예기치 못한 일과 생각지도 못한 위기들이 공존하고 있습니다. 그러니 목표 달성에 실패했다고 좌절하지 맙시다. 목표는 얼마든지 다시 세울 수 있습니다. 하지만 목적이 자주 흔들리면 삶의 방향을 잃고 깊은 방황의 나락으로 빠져들게 됩니다.

산을 오르는 것은 정상을 정복하겠다는 목표가 있기 때문입니다. 이에 반해 사막을 횡단하는 일에는 긴 여정과 목적이 필요합니다. 사막에서는 시시각각 예측하기 어려운 일이 수시로 발생합니다. 오늘 건너겠다는 목표를 달성하지 못할 수도 있습니다. 그러나 사막을 건너야 된다는 목적의식만 흔들리지 않는다면 언젠가는 사막을 건널 수 있습니다.

목표는 한순간에 이뤄지지 않을 수도 있습니다. 얼마든지 방황할 수 있습니다. 방황이 그래도 의미 있는 이유는 목적은 불투명하지만 그것에 대한 미련이 남아 있고, 언젠가는 그 목적을 향해 자신의 전부를 던지겠다는 다짐이 남아 있기 때문입니다.

괴테는 '지향志向하는 한 방황한다'고 말했습니다. 지향志向은 지향指向입니다. 지향指向은 말 그대로 굳은 의지를 갖고 한 방향으로 매진하지만 때로는 방황할 수 있다는 점을 인정하는 것입니다. 지금 이 순간 목표가 마음대로 이뤄지지 않을 수 있습니다. 그럴수록 목적을 생각해 봐야 합니다.

● ● **나를 키우는 물음표**

나는 꿈의 목적지에 이르기 위해 지금 어떤 목표를 달성하고 있는가? 목표 달성에 실패했다고 너무 좌절하거나 절망하고 있지는 않은가? 목표는 얼마든지 흔들릴 수 있다. 흔들리는 방황이 흔들리지 않는 방향을 잡게 해준다.

● ● **Start Again**

목적에 목숨 걸면
목표는 어느 순간 달성된다.

# 소망에 열망을 보태면
## 희망의 싹이 터

● 　　　프로방스 지방의 어느 고원지대를 여행하던 주인공은 황무지가 된 마을을 지나가게 됩니다. 그는 한 양치기 노인을 만나 잠자리를 제공받습니다. 그 양치기 노인은 황무지에 나무열매인 도토리를 심는 작업을 하고 있었습니다. 황무지는 예전에는 나무가 많은 곳이었습니다. 그러나 사람들이 땔감으로 마구 베어가고 나무가 사라지자 땅은 죽어갔습니다. 그 와중에 부인과 자식들을 잃은 양치기 노인은 난폭한 바람이 불고 사막처럼 거친 풀밖에 안 남은 황무지에 남아 어떤 도움도 없이 날마다 도토리를 심었습니다. 그 뒤 세월이 흘러 주인공이 황무지를 다시 찾았을 때 10년 된 키 큰 나무들이 고원지대를 뒤덮

고 있었습니다. 황무지에 심은 도토리가 1만 그루의 나무가 되고, 그 나무들이 황무지를 초원으로 바꿔놓으리라 전망한 이는 주인공을 비롯해 아무도 없었습니다. 프레더릭 벡의 《나무를 심는 사람》에 나오는 실화입니다.

전망展望이란 앞으로 어떻게 변화해갈 거라는 객관적 관점입니다. 불확실한 미래를 전망하기 위해 우리는 과학적인 방법과 도구를 활용하여 다양한 자료를 수집하고 분석합니다. 분석 결과에 따라 미래는 어떤 모습으로 다가올 것이고 어떻게 대처해야 된다는 방향을 설정합니다. 그 전망을 근거로 미래를 예측합니다. 예측은 객관적 자료와 그것에 대한 과학적 분석 결과에 따라 이뤄집니다.

반면 소망所望은 미래에 달성하고 싶은 모습을 간절히 바라는 것입니다. 소망은 객관적 자료에 근거한 전망보다 주관적입니다. '앞으로 이런 세계가 왔으면 좋겠다'는 개인의 주관적 표현이 바로 소망입니다. 객관적 전망과 주관적 소망은 모두 미래를 지향하지만 지극히 대조적입니다. 미래를 객관적 관점으로 바라보는 전망과 주관적 가치가 담겨 있는 소망 사이에는 갈등이 일고 치열한 싸움이 벌어집니다. 신영복 교수는 전망과 소망의 차이에 대해 다음과 같이 설명하고 있습니다.

"세상에는 지혜로운 사람과 어리석은 사람이라는 두 부류가 있습니다. 지혜로운 사람은 세상에 자기 자신을 잘 맞추는 사람인 반면 어리석은 사람은 글자 그대로 자기에게 세상을 맞추려는 사람이라는 것이지요. 그러나 아이러니컬하게도 세상이 조금씩 나은 것으로 변화하는 것은 어리석은 사람들의 우직함 때문이지요. 세상에 자신을 맞춘다는 것은 세상과 민첩하게 타협하는 것입니다. 이러한 행위가 세상을 변화시킬 수 없다는 것은 자명합니다. 어리석게도 세상을 자기 자신에게 맞추려는 그 우직한 노력이 세상을 보다 인간다운 것으로 변화시킨다는 사실을 이 이야기는 우리에게 전하고 있습니다. 그러나 이것을 단순히 비교하는 선에 머물러서는 안 되는 이유가 있습니다. 그것은 소위 '전망'이라고 하는 것이 사실 그 내면에 자기의 '소망'을 담고 있다는 것이지요. '전망'이라는 객관적 언어로 표현하고는 있지만 그 속에는 자기의 이해관계를 관철하려는 자기의 '소망'을 담고 있을 수밖에 없다고 할 수 있기 때문입니다."

이런 면에서 보면 객관적인 전망보다 주관적인 소망이 더욱 강렬한 희망을 낚습니다. 비록 막연하기는 하지만 소망에는 주체의 주관적 의지와 열망이 담겨 있기 때문입니다. 소망에 열망이 포함되면 희망이 됩니다.

예측불허의 상황에서 눈앞의 목표대로 안 된다고 절망할 필요는 없습니다. 역설적이지만 희망이란 절망 속에서 피는 꽃이기 때문입니다. 막연한 전망이나 소망보다 언젠가는 이뤄질 거라는 강한 자신감으로 희망을 가져야 합니다. '소망은 지니고 태어나서 가랑비처럼 소리 없이 우리 곁으로 오지만, 희망은 살아가면서 지니게 되는가 보다(《마음사전》, 김소연 저, 마음산책, 2008).' 그래서 희망은 이뤄지면 짜릿한 희열마저 밀려옵니다.

아무리 추운 경제 빙하기가 들이닥쳤다 해도 봄은 오고야 맙니다. 봄이 오는 동안 우선 추운 겨울을 버티기 위한 준비가 필요합니다. 먼저 매사를 긍정적으로 생각해 보세요. 예측 자체가 불가능한 꿈이고, 예측대로 되는 일이 없을 때 오히려 "계획대로 안 되는구나. 고맙기도 해라!" 하고 감탄할 수 있는 긍정적인 자세가 중요합니다.

'삶에 대한 절망 없이는 희망도 없다.' 프랑스 소설가 알베르

까뮈의 말입니다. 절망하고 나면 사람들은 변명할 구실을 찾아 자신을 변호하려 듭니다. 그러나 변명은 변화할 수 있는 기회를 박탈하며 변신을 가로막는 최대의 적입니다. 그래서 절망하되 정직한 절망이 필요합니다. 정직한 절망만이 희망의 고기를 낚을 수 있습니다.

절망 끝에 희망이 있습니다. 희망 끝에는 절망이 또 다른 희망의 싹을 틔우고 있습니다. 그러니 절망은 망하지 않는 희망의 꽃을 피우는 유일한 원동력입니다. 절망 끝에 서더라도 낙망하지 말고 실패했다고 실망하지 마세요.

가장 먼저 봄소식을 알리는 꽃은 개나리와 진달래입니다. 개나리와 진달래는 봄이 오기 전 추운 겨울을 나면서 모든 준비태세를 갖추고 있다가 봄이 오면 가장 먼저 꽃망울을 터트립니다. 봄은 긴 기다림 속에서 인고의 시절을 보낸 덕분에 맞을 수 있는 선물입니다.

●● **나를 키우는 물음표**

시련과 역경 앞에서 좌절한 적이 있는가? 그 끝에서 진정 정직한 절망으로 처절하게 자신의 희망을 반추해보았는가? 절망 속에서도 자신이 왜 절망하고 있는지 객관적인 자료를 바탕으로 미래를 전망하기 위해 노력해야 한다. 진정으로 내가 간절히 바라고 붙잡으려는 희망이 무엇인지를 온몸으로 알고 있는가?

●● **Start Again**

무모한 도전일지라도 무수히 시도하다보면
무심한 사람도 관심을 보이며,
마침내 세상을 무색하게 만들 수 있다.

# 꿈은 기능성보다
# 가능성에서 생겨나

● '1:29:300 법칙'이 있습니다. 또는 '하인리히 법칙'이라고도 합니다. 한 번의 돌이킬 수 없는 심각한 사태는 29번의 사고가 누적되어 나타난 것이며, 29번의 사고는 300번의 자질구레한 사건을 그냥 지나친 결과 발생한다는 이야기입니다. 이 법칙을 긍정적으로 해석하면 혁신의 원리를 배울 수 있습니다. 위대함은 어느 날 갑자기 탄생하지 않습니다. 매일매일 반복되는 300번의 작은 실천과 29번의 작은 성공 체험이 모여 한 번의 위대한 성취로 이어지는 것입니다. 남들의 성공은 어느 날 갑자기 '저절로' 되는 것처럼 보이지만 어느 날 갑자기 '저절로' 되는 일은 없습니다. 어느 날 갑자기 '저절로' 되는 유일

한 방법은 사소한 실천을 반복하는 길 뿐입니다. 인생에서 성취를 하고 싶다면 우선 작은 성공 체험을 맛보아야 합니다. 작은 성공 체험은 수많은 실천과 실패 속에서 서서히 자라다가 어느 날 갑자기 꽃을 피웁니다.

'기능성'은 지금 여기서 그 가치를 판단하지만 '가능성'은 오늘 잠재력을 엿보고 미래에 가치를 판단한다는 의미입니다. 기능성은 실제 써 먹을 수 있는 가치를 갖고 있는지를 먼저 생각하지만 가능성은 자세와 태도, 잠재적 자질과 역량을 중요하게 생각합니다. 기능성은 기계적으로 결정되지만 가능성은 인간적으로 결정됩니다. 기능성은 적게 투입하고 많이 뽑아내려는 효율성과 친구지만 가능성은 미래의 언젠가는 될 수 있다는 신념과 자신감을 담보로 투자하는 효과성과 친구입니다. 기능성은 본래대로 작동되지 않으면 지금 당장 불편하지만 가능성은 지금 보이지 않는다고 절망하거나 좌절하지 않습니다. 기능성은 올바르게 작동하지 않으면 치명적인 손상이나 폐해가 발생하지만, 가능성은 오류나 실수는 언제나 발생할 수 있다고 수용하고 인정합니다. 가능성을 믿고 도전하다가 생기는 실수나 실패는 그럴 수 있다고 생각하거나 마땅히 겪어야 될 과정이라고 생각하기 때문입니다. 기능성만 보고 가능성을 보지 않는 사람은 눈앞의 이익과 편의만을 추구하는 사람입니다. 기능성을 추구하는 사람은 자신이 하는 일을 지금 당장 팔아먹을 상품을 개발한다고 생각하지만, 가능성을 추구하는 사람은 미래에 명품이 될 작품을 개발한다고 생각합니다. 상품 개발은 기능성에 초점을 두고 작품 개발은 가능성에 역점을 둡니다.

　기능성을 추구하는 사람은 직職에 관심이 많습니다. 즉 자리에 목숨을 걸고 수직적 자리 이동에 관심이 많습니다. 가능성을 추구하는 사람은 자리보다는 자신이 하는 업業에 관심이 많습니다. '직'에 비해 '업'을 추구하는 사람은 자신이 하는 일을 생계수단이나 돈벌이 수단으로 생각하지 않습니다. '업'의 사람은 재미를 느끼고 신나는 일, 하지 않으면 왠지 마음이 불편한 일을 꾸준히 해나갑니다. 가능성을 추구하는 사람은 외부의 가치 기준에 비추어 자신을 판단하지 않습니다. 가능성은 남의 말에 의해 생기는 것이 아니고 오로지 자신의 내부에서 나온다고 믿기 때문입니다. 그래서 지금보다는 미지의 미래에 자신이 되고 싶은 이미지를 그리워합니다. 가능성에 대한 그리움과 간절한 열망이 가능성을 현실로 변화시킵니다.

● ● **나를 키우는 물음표**

가능성은 현재의 문제의식에서 출발하여 아직 다가오지 않는 미지의 세계에 대한 믿음을 근거로 합니다. 나의 가능성은 어디서 찾을 것인가? 그것은 타인과의 비교우위에서 비롯되지 않고 내 안에 잠자고 있는 욕망에서 비롯된다. 그 가능성의 꿈을 찾아 나는 지금 무엇에 몰입하고 있는가?

● ● **Start Again**

꿈꾸는 동안은 동안童顔이다!

젊음을 유지하는 비결은

꿈틀거리는 꿈을 꾸는 것이다.

# 집착에서 벗어나
# 집중할 때 집념이 생겨

● 　　　　잡념은 잡생각입니다. 밑도 끝도 없이 떠오르는 잡스러운 생각을 말합니다. 잡념에 빠지면 시간이 지날수록 잡스러운 것에 집착하게 됩니다. 잡스런 생각이 한없이 떠돌고 끝도 없이 방황하게 됩니다. 잡념이 부정적인 생각과 만나면 더욱 기승을 부립니다. 그래서 사람들은 하루에 오만 가지 잡생각에 빠집니다.

　잡념은 집착과 잘 어울립니다. 집착은 올바르지 못한 것에 편협한 시각으로 끊임없이 매달리는 것입니다. 하루에도 오만 가지씩 떠오르는 잡생각은 주로 부정적인 것들입니다. 이런 오만 가지 잡생각은 강박관념强迫觀念을 불러옵니다. 강박관념은 떨쳐

버리려 해도 좀처럼 떠나지 않습니다. 잡념에 집착이 더해지면 강박관념이 됩니다.

　잡생각에 무언가를 만들어내려는 집요함이 더해지면 상념想念이 됩니다. 즉 잡스러운 생각이 어느 정도 중심을 잡으면 상념이 되는 것입니다. 잡념을 갖고 있는 사람은 주변을 보면서 오만 가지 잡생각을 하지만 상념에 빠진 사람은 무엇인가 한 가지 생각에 골몰합니다. 누가 옆을 지나가도 알아채지 못할 정도로 몰입합니다.

　상념 중의 한 가지 생각을 파고들면 집념이 생깁니다. 세상의 위대한 일은 잡념에서 출발하여 상념에 사로잡힌 사람이 집요한 집념을 갖고 파고들 때 이뤄집니다. 위대한 성취와 업적은 모두 집념의 산물입니다. 집념은 집요하고도 끈질긴 생각의 흐름입니다. 그래서 집념을 가진 사람은 쉽게 포기하지 않습니다. 집념은 불굴의 의지이고, 치열한 문제의식이며, 반드시 이루고야 말겠다는 돌파력입니다.

　상념에 의지라는 양념이 추가되면 집념이 됩니다. 잡념을 버리고 상념에 빠져보세요. 상념을 붙잡고 끈질기게 물고 늘어져보세요. 집념이 우리를 구할 것입니다.

● ● **나를 키우는 물음표**

나는 한 가지 생각에 집착하고 있는가, 아니면 집중하고 있는가? 집착하면 잘못된 방향으로 빠지지만 집중하면 집념이 생겨서 큰 일을 해낼 수 있다. 집중과 집념은 집요한 근성의 다른 표현입니다. 나는 하고 싶은 일에 집착하지 않고 집요하게 파고들며 집중하고 있는가? 집중해야 무엇이든 이룰 수 있다.

● ● Start Again

집착해서 생각의 말로를 맞이하는 사람과
집중해서 생각의 발로를 개척하는 사람,
당신은 어떤 사람인가요?

# 성공하는 사람은
# 어제보다 이제를 중시해

● 　　　　72:1 법칙이라는 것이 있습니다. 자신이 결심한 사항을 72시간, 즉 3일 내에 행동으로 옮기지 않으면 단 1퍼센트도 성공할 가능성이 없다는 말입니다. 무엇인가를 성사시키기 위해서는 결심한 다음 바로 실행에 옮겨야 합니다. 1월 1일에는 설렘으로 시작하지만 12월 31일에는 아쉬움으로 한 해를 보냅니다. 72시간 안에 실행으로 옮기지 않기 때문입니다.

　세상에서 가장 비싼 금은 황금이나 순금 또는 백금이 아니라 '지금'입니다. 지금은 이제부터를 말합니다. 과거를 뜻하는 '어제'와 '그제', '지금'을 뜻하는 '이제'는 있지만 내일을 뜻하는 순 우리말은 없습니다(《우리말 깨달음 사전》, 조현용 저, 하우, 2009). '내

일 일은 난 몰라요. 하루하루 살아요'라는 성가곡이 있습니다. 현재를 뜻하는 영어 단어인 'present'는 '선물'이라는 뜻을 갖고 있습니다. 과거는 이미 흘러갔습니다. 미래는 아직 오지 않았습니다. 현재는 선물입니다.

실패하는 사람들의 공통점은 지나간 어제를 붙잡고 후회하며, 오지도 않은 내일을 고민한다는 것입니다. 흘러간 과거와 다가올 미래를 붙잡고 지금 여기서 후회하고 고민해봐야 해결되는 문제는 아무것도 없습니다. 그러니 지금부터 현재라는 선물을 찾는 데 몰두하고, 현재를 즐기는 게 중요합니다.

모든 변화는 '지금 여기서 now here' 시작됩니다. 지금 여기서 시작하지 않으면 내가 시작할 시점이나 무대는 '아무 데도 없습니다 nowhere'. 내일은 작은 실천을 진지하게 반복하는 사람에게만 선물로 다가옵니다. 내일부터 시작한다는 사람치고 그 말을 행동으로 옮기는 사람은 많지 않습니다.

실패하는 사람들은 언제나 '내일'이라는 단어를 즐겨 씁니다. 그러나 뭔가 다른 사람은 지금 여기서, 이제부터 시작합니다. 어제나 그제보다 이제를 소중하게 생각하는 사람만이 무엇이든 성취할 수 있습니다. 내일은 지금 이 순간을 충실히 보낸 사람에게만 의미심장하게 다가옵니다.

과거의 성공을 빨리 잊어버릴수록 색다르게 성공할 수 있습니다. 어제의 추억은 이제 새롭게 시작하려는 사람에게는 엄청난 장애가 됩니다. 새로운 시작만이 색다른 결과를 가져다줍니다.

"매년 반복되는 어리석은 결심에서 벗어나 진짜 행동으로 옮기는 변화가 일어나기 위해서는 I-BEST 원칙을 추천해주고 싶다. 내가 최고I-BEST가 되는 방법은 나I부터, 기본적인 것Basic, 쉬운 것Easy, 작은 것Small, 그리고 오늘Today부터 시작하자는 말이다. 어떤 분야에 위대한 업적을 남긴 사람들의 공통점은 시작하고 싶은 일이 생기면 바로 시작하는 데 있다."(강윤선 준오헤어 대표, 〈헤럴드경제〉, 2014. 12. 9.)

● ● **나를 키우는 물음표**

나는 지나간 과거 일을 심각하게 후회하고 있지는 않은가? 후회가 반복되면 통한의 눈물을 낳는다. 흘러간 과거에서 교훈을 찾은 다음 과거를 답습하지 않으면 된다.
다가오지 않은 내일 일에 대해 너무 심각하게 고민하고 있지는 않은가? 내일 어떤 일이 벌어질지를 고민하기보다 지금 여기 일에 충실하면 내일은 의미심장하게 다가온다. 나는 지금 여기서 최선의 노력을 경주하고 있는가?

**Start Again**

72:1 법칙,
72시간 내에 실천하지 않으면
단 1퍼센트도 성공할 수 없다.

# 속도 속에서는 다르게
## 볼 수 있는 각도가 나오지 않아

● 　　　　끝을 알 수 없는 사하라 사막. 2014년에 6박 7일간 250킬로미터를 횡단하는 사하라 사막 레이스에 도전했었습니다. 사막에서는 아무리 가까운 거리라 할지라도 내 두 발을 움직여 걸어야 앞으로 나아갈 수 있습니다. 사막에서 목적지를 향해 무조건 달릴 필요는 없습니다. 천천히 두 발을 움직여 걷다보면 지도에도 나와있지 않은 사막언덕이나 협곡을 도중에 만나게 됩니다. 달리는 속도만큼 주변을 볼 수 있는 여유도 줄어듭니다. 달리는 속도가 빨라질수록 세상을 다르게 볼 수 있는 각도는 줄어듭니다.

　속도速度는 세상을 보는 각도角度를 바꾸고 삶을 바라보는 각도를 획일화시켜왔습니다. 획일화된 각도는 각고의 노력을 하지 않고도 늘 같은 생각으로 같은 깨달음을 반복하는 습관의 덫을 씌워버립니다. 습관의 덫에 걸린 속도는 타성을 만들었고, 타성은 이제 하나의 관습이 되어 버렸습니다.

돛을 더욱 높이 달고 더 빠르게 질주하는 현대인은 각도 속에서 구도構圖를 잡거나 구상構想할 시간을 잃어가고 있습니다. 구상할 시간을 속도에 빼앗긴 현대인은 속수무책束手無策으로 그 속도에 몸을 싣고 허우적거리며 속전속결速戰速決로 일을 처리해버립니다.

속도는 깨달음의 길로 가려는 현대인에게서 자신의 의지대로 구도構圖잡을 수 있는 시간을 빼앗습니다. 속도는 깨달음에 이르는 길, 즉 각도覺道할 시간을 송두리째 빼앗아 스스로 삶을 각성覺醒할 시간조차 허용하지 않습니다.

속도를 멈추고 다른 각도에서 삶을 관조해야 각성할 수 있습니다. 다른 각도는 다른 각성을 불러오며 다른 각성은 다른 구상을 촉진하는 원동력이 됩니다. 남다른 구상은 아홉 번 굽은 양의 창자, 구절양장九折羊腸의 미덕에서 비롯됩니다. 구불구불한 구절양장은 고통과 고뇌를 낳지만, 그 속에서 상상을 초월하는 비상한 아이디어가 잉태됩니다.

속도는 직선에 미덕이 있음을 암묵적으로 강요해왔습니다. 각도가 없는 직선의 촉급함이 가장 중요한 생존 가치와 기준으로 작용하고 있습니다. 세상을 보는 각도를 다르게 가지려면 속도에서 벗어나야 합니다. 속도에 갇혀 있는 한 삶을 바라보는 각도는 한정되어 있습니다.

구도는 구상에서 비롯됩니다. 속도는 구상할 시간을 빼앗아 갑니다. 구상 없는 구도는 삶을 구질구질하게 만들 뿐입니다. 속도를 줄여야 삶의 각도를 바꿀 수 있습니다. 속도가 빨라질수록 삶은 빠르게 피폐해집니다.

### 나를 키우는 물음표

나는 오늘 무엇을 위해 속도를 냈는가? 주어진 일을 속전속결로 처리하느라 일상의 소중한 가치를 잃고 있는 것은 아닌가? 속도에 익숙한 나머지 다른 각도로 삶을 관조할 수 있는 시간적 여유를 빼앗기고 있는 것은 아닌가?

지금은 속도보다 각도가 중요한 때다. 전속력으로 달리고 있는 지금, 삶이 가치 없는 것은 아닌지 되돌아보자.

**Start Again**

고개를 넘어야 고개를 들 수 있다.
곡예 같은 **우여곡절**도 지나고 나면
**추억**이 담긴 고개에 지나지 않다.

나는 배웠다.

우리가 살아가는 인생도

사막이나 다름없으며,

기세등등하게 달리다가도

기진맥진할 때가 있고

속수무책으로 위기에 빠질 때도 있지만

그럼에도 불구하고 이전과 다른 방법으로

힘을 쓰면 빠져나올 수 있는

가능성도 그만큼 많이 존재함을.

### 어버이날 하늘나라로 부치는 편지

오늘은 수많은 날 중에서 어버이날입니다.

부모님이 생존해계시는 분들에게도 특별한 날이지만

두 분 모두 하늘나라로 일찍 떠나셔서

잘 해드리고 싶어도 해드릴 수 없는 저 같은 사람에게도

매우 특별한 날입니다.

어머니는 고등학교 때

아버지는 아주 어릴 때 돌아가셔서

저에게 아버지의 존재감은 거의 없습니다.

그래서 어린 시절을 홀어머니의 극진한 사랑으로

아버지의 존재 없이도

아버지의 존재감을 거의 느끼지 않고 살았습니다.

제가 어른이 되고

아이를 낳고 기르면서 부모가 된 후부터는

부모가 아이들에게는 참 소중한 롤모델이자

존재 자체가 삶의 기둥이 될 수도 있다고 생각해왔습니다.

고등학교 때 서울로 올라온 이후

줄곧 모든 것을 혼자 결정하고 판단하며 행동하면서

박사학위를 받을 때까지 많은 사람들의

따뜻한 사랑과 뜨거운 관심 덕분에

박사학위를 받고 삼성에서 현장경험을 한 후

교수가 될 수 있었습니다.

모든 일이 다 덕분에 잘된 일이고

덕택에 작은 일이라도 남을 위해

할 수 있는 위치까지 오지 않았나 생각해봅니다.

일찍 부모님을 여읜 덕분에

부모의 역할이 소중함을 깨닫게 되었고

공부에만 전념할 수 없는 가정 형편 덕분에

스스로 돈을 벌 수 있는 능력이 생겼다고 생각합니다.

모든 일을 혼자 처리할 수밖에 없는 상황에 놓인 덕분에

주경야독晝耕夜讀하면서 남보다 더 열심히

공부할 수 있었습니다.


해마다 어버이날이 되면 아주 어렸을 때

얼굴도 보지 못하고 돌아가신 아버지와

고등학교 때 돌아가신 어머니 얼굴이 아른거립니다.

당신들이 생존해계신다면 어버이날만큼이라도

세상에 없는 의미심장한

특별한 날로 만들어드릴 수 있었을 텐데 하는

진한 아쉬움이 언제나 앞을 가립니다.


이제는 어딘가에서 제가 걸어가는 모습을

묵묵히 지켜보시면서

흐뭇해하실 거라고 생각해봅니다.

어머니 그리고 아버지,

뵐 수는 없지만 사랑합니다.

그리고 언제나 영원히 존경합니다.

저를 세상에 있게 해주셔서….

깊이가 높이를 결정해 | 긍정은 걱정도 사라지게 해 | 한탄만 하면 한심해지고 감탄하면 감동이 찾아와 | 중요한 일보다 소중한 일을 먼저 해 | 육안과 뇌안보다 심안과 영안을 개발해야 해 | 뭐든지 재미있게 하다보면 재능이 쌓여 | 이성은 결론을 낳지만 감성은 행동을 낳지

## Stage 2

마음의 눈을 뜨고
세상을 바라봐

> '깊이' 파고들지 않고 '높이' 올라갈 수 없어. '높이' 올라가서 오랫동안 날아가려면 지금은 바닥에서 기반을 다져야 돼. 비행기도 '높이' 떠서 오랫동안 멀리 날아가기 위해 활주로가 필요하잖아. 청춘은 활주로를 준비하는 기간이야. 비록 지금 힘들지만 '긍정적'으로 생각하면 고민과 '걱정'도 순식간에 사라질 수 있어.

생각한대로 잘 안 된다고 너무 운명을 탓하기 시작하면 '한심'해져. 내가 지금 살아 있다는 것, 뭔가를 꿈꿀 수 있다는 것만으로 '감사'하고 '감탄'할 일이잖아. 의기소침하지 말고 '감동'할 일을 주변에서 찾아봐. 갑자기 세상이 나를 위해 존재하는 것 같은 착각이 들거야.

중요하지 않은 데 급한 일을 먼저 하다보면 정말 '소중한' 일을 하지 못하는 어리석음을 반복해서 범할 수 있어. 겉으로 보이는 세상이 전부가 아니야. 세상은 안 보이는 본질이 움직이거든. 그런 본질을 보기 위해서는 '신안'과 '영안'을 개발해야 돼. 재미가 생기면 재능은 저절로 생겨. 세상을 움직이는 힘은 이성보다 감성이야. 감성이 이성보다 앞서야 돼. 감동하면 행동하거든.

"

# 깊이가
# 높이를 결정해

● 　　　위로 성장할 수 있는 높이는 아래로 뻗은 부리의 깊이가 좌우합니다. 아래로 파고드는 깊이 없이 위로만 쉽게 성장하려는 사람은 높이 자랄 수는 있지만 그것을 지탱할 수 있는 깊이가 없어서 쉽사리 무너집니다.

　결국 아래로 뿌리를 깊이 내려야 높이 자랄 수 있습니다. 잡초의 생명력은 위로 자란 줄기의 길이가 아니라 아래로 자란 뿌리의 깊이에서 비롯됩니다. 아래로 뿌리를 내리려고 안간힘을 쓰는 것은 위로 줄기와 가지를 뻗어나가려고 애쓰는 것보다 훨씬 힘들고 어렵습니다. 그러나 힘들고 어려운 뿌리 내리기를 포기한다면 성장할 수 있다는 가능성도 함께 포기해야 합니다. 뿌리

없이 줄기가 없고, 줄기 없이 가지가 없으며, 가지 없이 꽃을 피울 수 없습니다. 꽃이 피지 않고는 열매를 맺을 수 없습니다. 열매가 풍요로운 것은 뿌리가 땅속 깊이 내려가며 힘겨움을 버텨내기 때문입니다.

 연못을 가득 채운 연잎도 '위로, 밖으로' 향하고 있는 것처럼 보이지만 '아래로, 안으로' 향하고 있습니다(《가슴으로도 쓰고 손끝으로도 써라 : 안도현 시작법》, 안도현 저, 한겨레출판사, 2009). 위로, 밖으로 향하고 싶은 욕망이 강할수록 끊임없이 아래로, 안으로 파고들어야 합니다.

 낮추면 높일 수 있습니다. 낮춤이 높임입니다. 아래로 숙여야 더 높이 치켜세울 수 있습니다. 아래로 파고드는 깊이가 위로 치솟을 수 있는 성장 에너지를 결정합니다. 파고들지 않고 치켜세우려고만 하면 금방 무너집니다. 파고든 깊이의 내공이 옆으로 뻗을 수 있는 넓이를 결정하고, 위로 올라갈 수 있는 높이를 결정합니다.

 우선 깊어져야 합니다. 깊게 파되 옆을 둘러보고, 위를 쳐다보세요.

## 나를 키우는 물음표

나는 오늘 한 가지 일을 파고들기 전에 쉽게 다른 곳을 옮겨가지는 않았는가? 아래로 안으로 파고들다 힘들고 어려워서 쉽게 옆으로 새지 않았는가?
바쁘고 급할수록 파고들자. 파고들어야 하나라도 무너뜨릴 수 있다. 성숙의 깊이가 성장의 높이를 결정한다.

## Start Again

무모한 도전일지라도 무수히 시도하다보면 무심한 사람도 관심을 보이며,

마침내 세상을 무색하게 만들 수 있다.

# 긍정은
# 걱정도 사라지게 해

• 세상에는 크게 두 부류의 사람이 있습니다. 첫 번째는 '안 된다'는 생각을 하지 않고 되는 방법을 궁리하는 긍정적인 사람이고, 두 번째는 매사에 걱정이 태산이고 부정적인 사람입니다.

긍정적인 사람은 어떤 시련과 역경에 부딪쳐도 절망보다는 희망, 부정이나 걱정보다는 긍정, 시기와 질투, 비난과 질책보다는 배려와 격려, 인정과 애정, 칭찬에 익숙합니다. 긍정적인 사람은 행복감과 안락감, 만족감, 사랑, 친밀감 등과 같은 긍정적인 정서와 낙관, 희망, 열정, 활력, 몰입, 창의성, 지혜, 끈기, 겸손, 도전, 용기, 유머와 같은 긍정적 특성을 갖고 있습니다. 이들은 지금 당장 실천하는 삶에 익숙합니다. 그래서 "~을 했다"는 말을 자주 하면서 다채로운 삶을 삽니다. "내일부터 하겠다"는 말은 아예 하지 않습니다. 왜냐하면 이들에게 내일은 기약 없는 약속에 지나지 않기 때문입니다.

이에 반해 부정적으로 걱정만 하는 사람은 매사를 부정적으로 보면서 "네 탓이오"라고 책임을 전가하거나, 해보지도 않고 "나는 안 돼"라는 말을 달고 삽니다. 이들은 주로 "~할 걸"과 같은 말을 하면서 "만약 ~했더라면 좋았을 텐데"라는 말을 자주 하며 항상 후회만 합니다.

긍정적인 사람은 매사에 한계를 두지 않고 도전합니다. 이들은 고민만 하거나 다음에 실천하겠다고 차일피일 미루지 않습니다.

사람은 해본 것을 후회하는 경우보다 해보지 않은 일을 후회하는 경우가 많습니다. 긍정적인 사람은 일단 한번 해보고, 잘 안 되면 다시 계획을 수정하고 실천합니다. 그러나 부정적인 사람은 매사가 불만입니다. 해보기도 전에 안 된다고 우기거나 도전하기도 전에 포기하는 습관이 오랫동안 몸에 배어 있습니다. 부정적으로 걱정만 하는 사람은 타성惰性에 물들고 통념에 젖어 살아갑니다. 타성에 빠져서 삶에 대한 열정이 없고, 현실에 안주하며 살아갑니다. 타성에 젖어 사는 사람은 주로 고정관념을 먹고 삽니다. 이들은 걱정만 하다가 열정을 잃어버리거나 부정만 하다가 긍정의 에너지를 소실한 사람들입니다.

'때문에'라고 이유를 대기 시작하면 답이 없습니다. 사회가 이렇기 때문에, 취업이 바늘구멍만 하기 때문에, 대학이 기업이 스펙을 보기 때문에. '때문에'로 변명하는 사람은 세월이 흐른 후에 보면 80퍼센트가 그런 '때문에'의 틀 안에서 살고 있습니다. 하지만 '덕분에'로 바꾼 사람은 정상 분포곡선에서 빠져나간 위 10퍼센트, 아래 10퍼센트 합 20퍼센트에 분포되어 있습니다. 어떤 의미에서든 정상에 올라가는 사람은 이 20퍼센트 속한 사람들입니다. 정상이 아니어야 정상에 올라갈 수 있는 겁니다. 안 되는 방법을 찾아 변명과 자기합리화를 늘어놓기보다 사물을 긍정적으로 바라보고 될 수 있는 방법을 찾아보세요.

● ● **나를 키우는 물음표**

내가 지금 고민하는 문제의 본질은 무엇인가? 고민을 해결하기 위해 실천으로 옮기기보다 걱정만 하고 있지는 않은가? 혹시 해보기도 전에 안 된다고 부정적으로 생각하고 있지는 않은가? 우리가 고민하는 대부분의 문제는 고민할 게 아니라 실천해야 하는 대상이다. 안 되는 방법을 찾아 변명과 자기합리화를 늘어놓기보다 사물을 긍정적으로 바라보고 될 수 있는 방법을 찾아보라.

● ● **Start Again**

그때 그 순간이 모여
한 평생을 좌우하는 기적을 일으킬 수 있다.

## 한탄만 하면 한심해지고
## 감탄하면 감동이 찾아와

● 　　　일생 동안 자신은 불우하게 태어났으며, 하는 일마다 안 된다고 한탄만 늘어놓는 사람이 있습니다. 그렇게 한탄만 하는 사람은 주변 상황을 언제나 부정적인 눈으로 바라봅니다. 고난과 역경에 직면하면 먼저 "왜 나한테만 이런 어려움이 닥치는 거야" 하고 불평과 불만을 터트립니다. 이런 불평과 불만은 곧바로 신세타령으로 이어지면서 한숨과 한탄으로 끝납니다.

　한숨과 한탄은 친구입니다. 한숨만 쉬는 인생에는 감탄과 경외가 존재하지 않습니다. 한탄만 늘어놓는 사람의 삶을 가만히 들여다보면 작은 일상에서 즐거움을 찾지 못합니다. 한탄하는

사람은 "얼씨구!"라는 흥겨운 말을 "얼씨구?"라는 자조 섞인 말로 바꿔서 씁니다. 우리 한번 신나게 "놀아볼까"라는 즐거운 말이 "놀고 있네"라는 비아냥거림으로 들립니다. 기쁨을 슬픔으로, 즐거움을 지루함으로 자신도 모르게 바꿔나갑니다.

명지대 김정운 교수는 "감탄하면 감탄할 일이 생긴다"고 말합니다. 감탄하면 재미있어지고, 재미있어지면 감탄사가 연발됩니다. 삶이 재미있어지려면 먼저 의도적으로 감탄사를 자주 써야 합니다. 일상의 작은 일에서도 소중함을 찾아내고 소소함에서 경이驚異와 경외敬畏의 감탄사를 일부러 터트려봅시다.

세상은 생각하는 대로 보입니다. 이전과 다르게 보려면 생각을 바꿔야 합니다. 생각을 바꾸려면 삶의 자세와 태도를 바꿔야 합니다. 행복은 작은 일상에 대한 자세를 변화시킬 때 시작됩니다.

일상에서 감탄사가 사라지고 재미가 없어지는 이유는 감탄사를 쓰지 않기 때문입니다.

의도적으로 아침에 일어나 오늘 새롭게 감탄할 일을 찾아보세요. 멀리 어려운 것에서 찾지 말고 가까운 곳에서 쉬운 일부터 찾아보면 됩니다. 세상은 감탄사의 보고寶庫이자 왕국입니다. 생각을 바꾸면 한심은 열정으로, 한탄은 감탄으로, 지루함은 재미와 즐거움으로 바뀝니다.

● ● **나를 키우는 물음표**

내 일상에서 감탄사가 사라지고 있지는 않은가? 감탄사가 사라지고 있는 이유는 무엇인가? 한탄만 늘어놓는 한심한 사람으로 살아갈 것인가, 아니면 감탄하는 감동적인 사람으로 살아갈 것인가?

생각을 바꾸면 한심은 열정으로, 한탄은 감탄으로, 지루함은 재미와 즐거움으로 바뀐다.

● ● **Start Again**

나는 '말'이 가진 굉장한 힘을 알고 있다.
사람은 무릇 말한 대로 행동하게 되고
행동한 대로 성취하게 된다.

― 스티븐 코비

# 중요한 일보다
## 소중한 일을 먼저 해

● 　　　중요한 일과 소중한 일에는 어떤 차이가 있을까요? 중요한 일을 할 때는 일의 우선순위를 염두에 두고 의사결정을 하지만, 소중한 일을 할 때는 본질적 가치와 의미를 우선순위에 두고 의사결정을 합니다. 중요한 일은 시간을 다투며 해야 하는 일이고, 소중한 일은 의미 있는 일이기에 하지 않으면 안 됩니다. 소중한 일은 보통 급하지 않기에 시간을 다투는 중요한 일을 먼저 하게 됩니다. 중요한 일이 소중한 일보다 소중해질 때 소중한 일은 소소하게 중요해집니다. 소소하게 중요한 일은 전혀 소중하지 않기에 애정과 관심이 식어갑니다. 소중한 일에 대한 관심과 애정이 식어버리면 중요한 일로 바뀝니다.

소중한 일보다 중요한 일을 하는 데 시간을 많이 허비하다보면 우리네 삶도 허겁지겁 허둥대게 됩니다.

사람들이 갈수록 불행해지는 가장 큰 이유는 소중한 일을 소중하게 생각하지 않고 중요하게 생각하기 때문입니다. 중요하지만 소중하지 않은 일이 많아지면서 속도와 효율성이 중요해졌습니다. 소중한 일에 속도와 효율성이라는 압력을 가하면 중요해지기 시작합니다. 소중한 일이 중요해지면서 삶은 바쁘고 피폐해집니다.

소중한 인간관계가 중요한 인간관계로 바뀌면서 인간관계의 의미와 본질적 가치는 이해타산의 관계로 전락합니다. 소중하던 사람이 점점 중요해지면 그 사람과의 만남도 피상적 만남으로 전락하고 맙니다. 우리는 중요한 것들의 하중 때문에 소중한 것을 잃는 경우가 많습니다. 중요한 약속과 소중한 약속 사이에서 끊임없이 갈등하며 중요한 약속에 몸을 기울이고 맙니다(《마음사전》, 김소연 저, 마음산책, 2008).

중요한 약속이 점점 더 중요해지면 삶에서 소중한 약속은 그 의미와 존재 가치를 상실해갑니다. 중요한 약속만 계속되고 있다면 삶의 진정한 의미가 무엇인지 다시 한 번 성찰해보세요.

● ● **나를 키우는 물음표**

나는 소중한 일보다 중요한 일을 먼저 하느라 허겁지겁하고 있지는 않은가? 오늘도 중요한 일과 소중한 일 사이를 오가면서 갈등하다가 결국은 중요한 일을 먼저 하고 있지는 않은가? 내게 소중한 일은 무엇인가? 소중한 만남을 처리해야 하는 일 정도로만 생각하고 있지는 않은가?

● ● **Start Again**

소중한 일이 중요한 일로 바뀌기 전에

**소중하게 생각**하지 않으면 소원해진다.

# 육안과 뇌안보다
# 심안과 영안을 개발해야 해

● '육안'이란 물리적 특성을 보는 육체적 눈을 말합니다. '뇌안'은 사물의 과학적 특성을 분석하는 눈을 말합니다. 콩을 보면서 콩이 까맣거나 동그랗다고 보는 것은 육안이지만, 콩은 종류별로 영양 성분이 달라서 각각 다른 요리 재료로 사용해야 된다고 주장하는 것은 뇌안입니다.

대부분의 사람은 육안과 뇌안을 갖고 있습니다. 그러나 이 두 가지 눈으로만 세상을 바라본다면 삶은 무미건조해집니다. 감동과 감흥이 없기 때문입니다. 남다른 일을 해내는 사람은 육안과 뇌안 외에도 남이 갖고 있지 않은 심안을 갖고 있습니다. '심안'은 겉으로 보이는 현상의 이면을 보는 눈입니다. 사물을 두뇌로 바라보지 않고 마음으로 보는 눈입니다.

똑같은 사물이나 현상을 보고도 거기서 시적 상상력을 발휘하는 사람이 있습니다. 시적 상상력과 문학적 감수성으로 사물의 본질을 꿰뚫어 보는 눈을 지닌 사람은 삼라만상의 미물도 그냥 흘려보내지 않습니다. 모든 자연 현상과 사회 현상이 하나의 시요, 문학적 재료입니다. 심안을 지닌 사람은 사람과 사물을 깊은 관심과 뜨거운 애정으로 바라봅니다.

남다른 문제의식을 갖고 있는 사람은 육안과 뇌안, 심안을 넘어 영안을 지닌 사람입니다. '영안'은 일상의 작은 사물이나 현상에서 우주적 본성과 그것이 움직이는 구조적 질서를 읽어내는 눈입니다. 작은 사물이나 실체가 다른 전체와 맺고 있는 구조적 관계를 꿰뚫어 보거나, 작은 것에서 큰 것을 보는 '혜안慧眼'입니다. 또한 부분 속에서 전체를 읽어내는 직관적 통찰의 눈입니다.

눈은 세계를 읽어내는 필터입니다. 내가 어떤 필터를 갖고 있느냐에 따라 동일한 세계라 할지라도 전혀 다른 세상으로 이해되고 해석됩니다. 육안을 넘어서 뇌안으로, 뇌안을 넘어서 심안으로 사물과 실체의 본성을 읽어내는 문학적 상상력을 키워야 합니다. 심안을 넘어 우주적 질서와 구조를 읽어내는 영안으로 보이지 않는 이면의 힘force을 읽어내는 사람이 세상을 이끌고 변화시킬 수 있습니다.

● ● **나를 키우는 물음표**

나는 사물의 겉모습만 보고 있지 않은가? 편협한 눈으로 세상을 이해하려고 하는 것은 아닌가? 육안과 뇌안을 넘어 심안으로 세상을 바라보려고 얼마나 노력하고 있는가? 겉으로 보이는 현상이 진리가 아니라는 걸 깨닫기 위해, 작은 사물에서도 우주 전체의 모습을 보는 영안으로 혜안을 개발하기 위해 얼마나 치열하게 노력하고 있는가?

● ● **Start Again**

망치는 도구가 아니다.
망치는 고정관념을 파괴하는 창조적 도구다.
당신은 어떤 망치를 갖고 있는가?

## 뭐든지 재미있게 하다보면
## 재능이 쌓여

● 재능talent이란 사람이 태어나면서 갖고 있는 선천적 기질이나 자질을 말합니다. 이에 반해 능력ability은 후천적 학습에 의해 습득한 자질을 뜻합니다. 능력은 부단한 연습으로 생겨납니다. 재능만 믿고 능력을 개발하지 않으면 꿈의 목적지에 이를 수 없습니다. 물론 처음에는 어쩌다가 운 좋게 좋은 성과를 낼 수 있겠지만 결국 간절히 원하는 성과를 거둘 수 없습니다. 행운은 준비된 사람이 기회를 잡을 때 옵니다. 어느 날 갑자기 찾아오는 것이 아닙니다.

성공의 유일한 비결은 꾸준히 노력하는 것입니다. 작은 실천을 반복하는 것입니다. 진지하게 실천을 반복하다보면 '능력'이라는 행운이 찾아옵니다. 그렇다면 어떤 일을 진지하게 반복해야 할까요? 하면 신나고 재미있는 일, 하지 않으면 마음이 불편하고 후회할 것만 같은 일, 예전부터 하고 싶었지만 외부 여건 때문에 차일피일 미뤄 놓았던 일을 하면 됩니다. 그러다보면 그 분야의 전문가가 될 가능성이 높습니다. 재능 위에 매일같이 작은 실천을 반복하면 일이 재미있어집니다. 재능에 재미가 더해지면 엄청난 능력이 발휘됩니다.

《아웃라이어Outlier》라는 책을 쓴 말콤 글래드웰은 '천재는 1만 시간 법칙으로 탄생한다'고 했습니다. 하루에 세 시간씩 십 년을 투자하면 1만 시간이 됩니다. 한 분야의 전문가가 탄생하려면 적어도 십 년 동안 매일 세 시간씩 투자해야 된다는 것이죠. 세상에 공짜로 되는 일은 없습니다.

자연에 존재하는 모든 생명체에는 살아가는 이유가 있습니다. 그냥 존재하는 생명체는 없습니다. 그냥 거기에 존재하는 것처럼 보이지만 모두 다 살아가기 위해 치열하게 노력하고 있는 것입니다. 매일 조금씩, 비록 눈에 띄는 발전이 없다 할지라도 쉬지 않고 하다보면 어느새 그 분야의 전문가가 됩니다.

늘 고민만 하고 실천으로 옮기지 않는 사람은 어제도, 오늘도, 내일도 고민만 하면서 살아갑니다. 그러나 변화는 고민한다고 일어나지 않습니다. 세상의 모든 변화는 작은 실천이 수없이

누적될 때 비로소 어느 날 갑자기 일어납니다. 재능을 재미있게 갈고닦다보면 아주 뛰어난 능력이 개발되며, 결국 그 누구도 해낼 수 없는 재주를 부릴 수 있게 됩니다. 할까 말까 망설일 때가 뭔가를 시작하기에 가장 좋은 시점입니다.

### 나를 키우는 물음표

나는 내 재능에 어떤 능력을 더해나가고 있는가? 혹시 재능이 부족하다고 불평불만을 터뜨리거나 고민만 하고 있지는 않은가? 재능을 더욱 빛내기 위해 부단한 노력을 경주하고 있는가, 아니면 어떤 능력을 개발할지 오늘도 내일도 고민만 하고 있는가?

할까 말까 망설일 때가 뭔가를 시작하기에 가장 좋은 시점이다.

### Start Again

내가 **매일 반복**하는 일이 나를 만든다.
지루한 반복이 어느 순간 반전을 일으킨다.
어느 날 **갑자기** 되는 일은 없다.
진지한 실천의 반복이
어느 날 갑자기 일어나는 것처럼 **보일** 뿐이다.

# 20분

아침 출근길에

붐비는 지하철

막히는 도로에서 짜증날 때

20분만 먼저 나섰어도…

날마다 후회하지만

하루에 20분 앞당기는 일이

어디 그리 쉽던가요.


가장 더운 여름날 저녁

시간에 쫓기는 사람들과 사람에 쫓기는 자동차들이

노랗게 달궈놓은 길옆에 앉아

꽃 피는 모습 들여다보면

⋮

날마다 허비한 20분이

달맞이꽃에게는 한 생이었구나.


- 고두현, 〈20분〉(《시 읽는 CEO》, 21세기북스, 2007).

# 이성은 결론을 낳지만
# 감성은 행동을 낳지

● 　　　　감성은 대상에 대한 가장 정직한 느낌입니다. 그러나 감성은 이성의 시녀로 취급받아오곤 했습니다. 그동안 감성은 감정의 기복에 따라 변덕이 심하기 때문에 흔들리지 않는 이성의 통제를 받아야 된다는 생각이 지배적이었습니다. 수많은 사람들이 인류를 구원할 수 있는 유일한 힘은 이성뿐이라고 주장해왔습니다.

　이성은 대상에 대한 객관적 인식을 가능케 하는 힘입니다. 대상에 대한 정직한 느낌이 논리적 언어로 가공되면서 가감되거나 희석되고, 각색되거나 탈색됩니다. 감성은 거짓말을 할 수 없지만 이성은 거짓말을 할 수 있습니다. 감성이 이성의 통제를 받으면 정직한 느낌은 점차 본질을 잃어갑니다. 대상과 문제 상황에 대한 앎knowing 이전에 느낌feeling이 선행됩니다. 이성보다는 감성을, 논리보다는 관계를 우위에 둘 때 새로운 깨달음의 장이 펼쳐집니다.

"사상의 최고 형태는 '감성'의 형태로 가슴에 갈무리되고 있는 것이라고 할 수 있습니다. '감성'은 외계와의 관계에 있어서 일차적이고 즉각적인 대응이며, 그런 점에서 사고思考 이전의 가장 정직한 느낌이라고 할 수 있습니다. '감성적'인 대응은 사명감이나 정의감 같은 '이성적' 대응과는 달리, 그렇게 하지 않으면 마음이 편치 않기 때문에 그렇게 할 수밖에 없는 마음의 움직임입니다(《나의 동양고전 독법》, 신영복 저, 돌베개, 2004)."

그동안 우리는 감성 이전에 이성으로, 관계 이전에 논리로 현실을 포장하고 각색해왔으며, 문제의 심각성을 뜨거운 가슴으로 끌어안기 이전에 현실과 멀리 떨어진 채 논리적 잣대로 가공하고 편집하려고 노력해왔음을 부인하기 어렵습니다. "문제의식을 공유하는 일 없이, 몸소 참여하여 부딪히는 일 없이 무엇을 주고받을 수 있다는 것에 대하여 회의하지 않을 수 없습니다. 눈빛을 마주치지 않고 공감할 수 있다는 주장을 나는 신뢰하지 못합니다. 만남이 없는 감동이 있을 수 없고, 감동이 없는 이해도 또한 있을 수 없는 법입니다(신영복 홈페이지 〈더불어숲〉)."

격변하는 현실을 이해하기 위해서는 현장에 가서 두 눈빛으로 현실을 만나야 하며, 만남을 통해 공감하고 이해하려고 노력해야 합니다. 현실과 맞닿은 지점에서 가슴으로 포착된 아픔을 고스란히 표현한 이후에 이성을 갖고 현장의 아픔을 치유할 수 있는 대안을 마련해야 합니다.

#### 나를 키우는 물음표

나는 일상에 대한 느낌을 있는 그대로 표현하려고 노력하는가, 아니면 느낌 이전에 생각이 지배하고 있는가? 나의 논리적인 주장은 과연 대상을 처음 느꼈을 때의 감상적 언어가 그대로 녹아들어 있는가? 혹시 논리적 언어로 가공되면서 본래의 느낌이 희석되거나 탈색되고 있는 것은 아닌가?
먼저 느끼고 그다음에 생각하자. 느낌이 앎을 이긴다.

**Start Again**

따뜻한 가슴 warm heart 과 냉철한 이성 cool head 이
서로 균형을 이룰 때 우리는 비로소
개인적으로 '사람'이 되고 사회적으로 '인간'이 됩니다.

_ 신영복, 신영복 홈페이지 〈더불어숲〉.

### 사랑하는 딸의 생일을 축하하며

아빠는 우리 딸이 이런 사람이 되었으면 좋겠다.

한 분야의 깊이가 있어야 다른 분야의 깊이와 만날 수 있다.

우선 네가 전공하는 그래픽 디자인에 푹 빠져서 파고들어야 한다.

깊이 파고들어간 만큼

내가 만날 수 있는 깊이 있는 지식도 달라진단다.

한 우물을 깊이 파고들어가 거기에 머물면

우물도 썩을 수 있다는 사실을 명심했으면 좋겠다.

내가 만난 우물도 수많은 우물 중에서

극히 일부의 우물이라는 사실을 알아야 한다.

우물을 만난 그 지점에서 옆으로 조금만 넓게 파기 시작하면

수많은 물줄기를 만날 수 있다.

그 우물과 만나 내가 할 수 있는 다양한 가능성을 생각해보고

이전과 다른 방법으로 내 전공의 깊이와 더불어
넓이를 확산할 수 있는 수많은 가능성을 꿈꾸었으면 좋겠다.

세상에는 언제나 나와 다른 사람이 있다는 사실,
그리고 나와 다른 경험과 배경을 갖고 있는 사람으로부터
생각지도 못한 다양한 가능성을 배울 수 있다.
항상 열린 마음으로 나와 다른 점이 무엇인지 그 다름을
틀림으로 간주하지 않고 색다른 다름으로 탄생될 수 있도록
여러 가지로 실험해보고 모색해보았으면 좋겠다.

정말 행복한 사람은 내가 잘할 수 있는 일을 찾아
세상의 그 누가 뭐라고 해도
내가 가는 길에 대해 자신감과 확고부동한 신념을 갖고
즐겁고 신나게 살아가는 사람이다.

세상의 모든 일은 덕분에 잘되는 것이란다.
사람을 만날 때도 언제나 겸손한 자세로 상대를 존중해주고
인정해주고 칭찬하는 데 인색하지 말아야 한다.

나 이외의 모든 사람은 다 나의 스승이라고 생각하거라.

그런 사람들 덕분에 내가 성장하는 것이고

수많은 은인들 덕택에 나의 꿈을 이루어나갈 수 있음을

잊지 말았으면 좋겠다.

사랑하는 딸아!

현실은 교실에서 배운 세상과는 너무도 다르다는 점을

현장에서 다양한 도전체험을 통해

스스로 깨닫는 노력도 게을리 하지 말거라.

가장 소중한 지혜는 누가 일방적으로 가르쳐주는 데서 나오지 않고

내가 직접 이런저런 실험과 탐험을 하는 가운데

내 몸에 각인되는 것이라고 생각한다.

항상 남의 성취와 비교하지 말고 어제의 나와 비교해서

어제와 다른 우리 딸 해리,

오늘과 다른 내일을 꿈꾸는 멋진 그래픽 디자이너가 되거라.

아빠는 언제나 우리 딸 해리 편에 서 있다.

네가 무엇을 하든 어떤 실패와 좌절과 절망을 하든

아빠는 한 발 물러서서 너를 지켜보고 응원하고 사랑해줄 거란다.

색다른 실패 체험이 색다른 실력을 쌓는 원동력이라는 사실,

그리고 어제와 다른 도전만이

어제와 다른 도약을 할 수 있다는 믿음을 가지렴.

거친 세상, 수많은 장애물과 걸림돌이 있는 힘겨운 일상도

다 너에게 소중한 교훈을 던져주기 위해 존재한다고 생각하거라.

대학생활도 절반을 넘긴 시점에서 지금 이 순간은

다시 돌아오지 않기에 더 없이 소중하고 알찬 계획으로

흥미진진하고 가슴 뛰는 대학생활을 즐기기 바란다.

가보고 싶은 여행도 하고 읽고 싶은 책도 원 없이 읽어보고

멋진 남자 친구와 낭만적인 연애도 해보거라.

모든 체험이 네가 세상에 둘도 없는 디자이너로 거듭나는 데

소중한 밑거름으로 작용할 것이다.

세상에서 딸을 가장 사랑하는 아빠가

생각이 달라지면 생활이 달라져 | '몰상식'한 사람이 새로운 '상식'을 만들어 | 통념을 뒤집어야 통찰을 할 수 있어 | 상식을 뒤집어야 식상해지지 않아 | 세상에서 가장 아름다운 병, 궁금증 | 상상은 일상에서 시작돼 | 상상을 해야 비상할 수 있어

# Stage 3

# 상상과 창의력이
# 너를 구원해 줄 거야

"

'생활'을 바꾸려면 '생각'을 바꿔야 해. '생각'만 고쳐먹어도 질적으로 다른 '생활'이 펼쳐질 거야. '상식'과 '타성'에 젖어 기계적으로 반복하는 사람은 남다른 '통찰력'을 얻을 수 없지. 세상 사람들이 당연하다고 생각하는 '통념'에 '통렬한' 문제를 제기해야 색 다른 '통찰'이 따라와.

'상식적'으로 생각하는 사람이 모여서 아이디어를 내면 금방 '식상'해지지. '상식'이 '식상'해지지 않으려면 지금의 내 '상식'을 끊임없이 갈고 닦아야 돼. '통찰'은 '궁금증'을 먹고 자라지. 원래 그런 세상은 존재하지 않아. 세상이 이렇게 된 저마다의 이유가 있지. 그러니까 매일같이 접하는 '일상'에 대해서도 남다른 호기심을 갖고 '상상력'의 날개를 펼쳐야 돼. 하찮은 '일상'은 없어. 모두가 다 소중해.

지금 우리가 살아가는 '세상'은 우리가 '상상'한 결과야. 기존 생각의 틀에 갇혀서 무한한 '가능성'의 세계를 '상상'하지 못하면 '비상'할 수 없어. '상상'만이 지금의 한계를 뛰어넘을 수 있어. 지금 여기서 출발하되 항상 지금 너머를 '생각'할 수 있는 '상상'만이 우리를 구원해줄 거야. 지금 상상이 미래 현실을 규제하고 한정하기 때문이지. 상상력의 베이스캠프는 높이 칠 수 있는 최대한의 위치에 치자. 상상력의 베이스캠프가 바로 정복할 수 있는 정상의 높이니까.

# 생각이 달라지면
# 생활이 달라져

● 　　　생각은 세상에 부딪힐 때마다 흔들리며 일어나는 느낌과는 다르게 몸이 세상을 받아들여 느낌을 일으켰다가 천천히 가라앉힌 다음, 마음 안쪽으로 끌어와 간추리고 갈무리하면서 빚어지는 마음의 둘째 겹입니다(《우리말은 서럽다》, 김수업 저, 나라말, 2009). 사람은 누구나 생각을 합니다. 하지만 그것이 과연 습관적인 생각을 반복하고 있는 것은 아닌지 생각해봐야 합니다.

'생각이 팔자'라는 말이 있습니다. 생각하는 대로 팔자가 변한다는 말입니다. 결국 생각이 생활을 지배합니다. 생각한 대로 대부분의 생활이 이루어집니다. 남다른 생활을 하려면 남다른 생가을 해야 합니다.

남다른 생각은 과연 어디에서 유래할까요? 내가 생각하는 것은 과연 내 생각일까요? 남의 생각이 내 생각인 것처럼 생각되는 건 아닐까요? 우리는 언제부터인가 생각을 먹어왔지만 자신의 의지대로 생각을 먹어오지 않았습니다. 생각은 스스로를 돌아볼 겨를도 없이 머릿속에 들어와 생활을 지배하기 시작합니다. 대화를 하고, 의견을 말하며, 의사결정을 할 때 수없이 많은 생각이 관여합니다.

그런데 행동에 명령을 내리게 하는 생각이 자신의 의지에서 비롯된 것이 아닐 수 있습니다. 나도 모르게 내 생각을 지배하고 있는 것이 과거의 고정관념에 사로잡힌 생각은 아닌지 생각해봐야 합니다.

생각나는 나 자신을 생각해보는, 즉 생각에 대한 생각이 필요한 때입니다. 내 생각도 틀릴 수 있다는 것을 인정하고 나와 다른 사람의 생각도 일리 있다고 인정해주는 태도가 중요합니다.

생각을 똑바로 하거나 다른 각도로 돌리지 않으면 생각이 돌 수 있습니다. 돌기 전에 생각을 바꿔야 합니다. 생각을 바꾸면 행동이 바뀌고, 행동이 바뀌면 습관이 바뀌고, 습관을 바꾸면 삶이 송두리째 바뀝니다.

● ● **나를 키우는 물음표**

나는 정말 생각하면서 살고 있는가? 내 생각은 과연 내 생각인가? 틀에 박힌 생각을 계속하면서 새로운 생각을 하고 있다고 착각하고 있는 것은 아닌가? 생각하는 생각이 필요하다. 그래야 생각을 바꿀 수 있다.

● ● **Start Again**

딴 짓도 해보고
딴청을 부리거나 딴전을 피우면서
딴 길을 가봐야
생각지도 못한 딴 생각을 할 수 있다.

# '몰상식'한 사람이
# 새로운 '상식'을 만들어

● 　　　상식적인 사람들의 상식적인 생각을 상식적인 잣대와 기준에 비추어 판단하면 상식적인 아이디어밖에 나오지 않습니다. 상식적인 생각과 상식적인 아이디어는 너무나 상식적이어서 곧 식상해집니다. 상식과 통념에 통렬한 시비를 거는 사람, 당연과 물론의 세계에 의문을 품고 질문을 던지는 사람이 몰상식한 사람입니다. 세상은 몰상식한 사람에 의해 변화되고 발전되어 왔습니다. 과학의 발전도 그렇고 문명의 발전도 그렇습니다. 학문 발전도 상식적인 사람보다 상식적인 생각에 시비를 걸면서 상식의 세계에 안주하지 않고 벗어나려는 몰상식한 사람에 의해서 이루어집니다. 위대한 과학적 업적은 모두 몰상

식한 사람이 물론과 당연의 세계, 원래 그런 상식에 의문과 문제를 제기하면서 탄생된 성취결과입니다. 몰상식한 사람의 파격적인 아이디어는 처음에는 심한 저항에 부딪혀 난항을 거듭합니다. 그러나 점차 상식적인 사람들이 몰상식한 아이디어를 수용하면서 몰상식한 아이디어는 상식적인 아이디어로 전환됩니다.

수많은 사람들이 사과가 떨어지는 것을 보았지만 뉴턴만이 '왜?'라는 질문을 던졌습니다. 몰상식한 뉴턴이 한 시대의 흐름을 뒤집어엎은 만유인력의 법칙을 발견했고 상식적인 사람은 사과가 위에서 밑으로 떨어지는 현상은 당연하다고 생각했습니다. 상식적으로 생각한 수많은 사람들은 몰상식한 뉴턴이라는 사람이 발견한 만유인력의 법칙이 무엇인지를 갖고 시험을 보고 있습니다. 몰상식한 사람이 발견한 만유인력의 법칙은 이제 상식적인 사람에게도 상식으로 바뀌었습니다. 상식 이전에는 상식이 아니었지만 몰상식한 사람에 의해 비로소 상식이 아닌 것도 상식으로 통용되기 시작합니다. 몰상식한 사람이 많아야 상식의 범주를 벗어나 새로운 창조가 시작될 수 있습니다. 창조는 "원래 그래" "당연한 거야" "물론 그렇지"라는 세 가지 말에 통렬한 시비를 걸 때 통찰력과 함께 찾아옵니다. 나이가 들면서 '원래' '물론' '당연'이라는 말이 점차 늘어갑니다. 마음속에 호기심과 궁금함, 물음표는 사라지고 상식적인 생각과 타성에 물들어갑니다. 당연한 세계에 시비를 거는 사람, 물론 그런 세상에 물론 그렇지 않을 수 있다고 의문의 화살을 던지는 사람, 원래 그런 세계는 없다고 마음속의 호기심을 죽이지 않는 사람이 필요합니다.

● ● **나를 키우는 물음표**

위대한 성취는 모두 몰상식한 사람의 평범하지 않는 발상이 만들어낸 결과다. 나는 오늘 상식적으로 생활하고 있는가, 아니면 상식의 틀을 벗어나 몰상식하게 생각하고 행동했는가? 세상은 정상적인 사람보다 비정상적인 사람이 정상적인 세상을 만들어가고 있다.

● ● **Start Again**

정상正常에 오른 사람은 모두
**정상頂上이 아니다!**

# 통념을 뒤집어야
# 통찰을 할 수 있어

● '통념'이란 상식적인 수준에서 당연히 그렇다고 생각하는 관념입니다. 통념은 '원래 그렇다'거나 '물론 그렇다'고 아무런 문제의식 없이 받아들이는 사고방식입니다. 나이가 들수록 원래 그렇고, 당연히 그렇고, 물론 그런 세계가 늘어납니다.

호기심 어린 눈으로 세상의 모든 것에 물음표를 달고 다니던 어린이가 어른으로 성장하면서 물음표는 없어지고 점점 마침표가 늘어납니다. 물음이 멈추는 순간 호기심도 죽습니다. 물음이 줄어들면서 상상력과 호기심도 같이 줄어듭니다. 어리석은 질문을 쏟아내던 어린이는 이제 어른으로 성장하지만 호기심과 상상력, 창의력은 오히려 쇠락의 길로 접어듭니다.

왜 그럴까요? 일상에서 물음표보다 마침표가 많아지기 때문입니다. 물음표가 없어지고 마침표가 많아진다는 것은 세상에 대한 궁금함이 없어지고, 물론과 당연의 세계가 많아지고, 원래 그런 세계가 많아진다는 이야기입니다.

통찰은 통념에 시비를 거는 질문이 제기될 때 일어납니다. 《통상관념 사전》(귀스타브 플로베르 저, 진인혜 역, 책세상, 2003년)이라는 책에 보면 바보는 '보통 사람보다 지능이 낮은 사람'이 아니라 '나와 같이 생각하지 않는 모든 사람'을 지칭합니다. 통념에 통렬한 시비를 건 새로운 개념 정의라고 할 수 있습니다.

통념은 주로 기존의 개념을 아무런 문제의식 없이 받아들일 때 생깁니다. 통상적인 생각에 심각한 문제를 제기할 때 개념이 재탄생하고 통찰력이 생겨납니다. 통념은 상식으로 받아들여지고 상식은 통념으로 굳어집니다. 통념이 생기면 다르게 생각하는 것을 무의식적으로 회피하고, 상식적인 눈으로 세상을 바라보게 됩니다.

통찰은 남과 다른 눈으로 세상을 바라볼 때 생깁니다. 남과 다르게 세상을 바라보는 통찰력을 얻기 위해서는 통념을 뒤집고 몰상식한 시각을 가져야 합니다. 특히 '아하!' 하는 쾌재의 경험이 일어날 때 통찰력은 번뜩입니다. 통념을 뒤집기 위해서는 우선 '당연하다'는 생각과 '물론 그렇다'는 생각에 시비를 걸어야 합니다. 예를 들어 '모든 음식점에는 메뉴가 있다'는 당연한 가정을 뒤집어 '음식점에는 메뉴가 없을 수 있다'는 생각을 해야 새로운 음식점이 탄생될 수 있습니다. '모든 스테이플러 stapler에는 알이 있다'는 가정을 뒤집어야 알이 없는 스테이플러 stapleless stapler가 탄생할 수 있습니다.

### 나를 키우는 물음표

나는 오늘 당연하고, 물론 그렇고, 원래 그런 세상에 어느 정도 질문을 던져보았는가? 무의식적으로 반복되는 일상의 습관을 바꿔 볼 생각은 없는가?

### Start Again

'습관적'이라는 말은

'습관'이 '적'이라는 말이다.

_ 정철 카피라이터

# 상식을 뒤집어야
# 식상해지지 않아

● '식상'이란 말 그대로 먹는 음식에 상처傷處가 난 것을 말합니다. 처음에는 맛있던 음식도 계속 먹으면 식상해집니다. 한 작가의 글도 처음에는 흥미진진하지만 다른 책을 읽으면서 식상해질 수 있습니다. 그림을 처음 보는 순간 환호와 경탄에 마지않지만 자꾸 보면 식상해집니다. 아름다운 여인을 처음 볼 때는 눈이 의심스러울 정도로 예쁘게 보이지만 점차 그 아름다움도 식상해질 수 있습니다. 이처럼 식상해지는 것은 같은 자극이 반복되면서 대상과 사물, 사람에 싫증이 나기 때문입니다.

누군가에게 식상함을 주지 않으려면 늘 새로운 변신을 거듭해야 합니다. 정치가는 국민들의 마음을 움직일 수 있는 정책을 발표하고 솔선수범하는 리더십을 발휘해야 합니다. 기업은 고객의 가치를 창조하고 감동을 선사하기 위해 이전에 없던 새로운 상품과 서비스를 개발해야 고객이 식상해하지 않습니다. 스승은 제자들에게 어제와는 다른 깨달음을 주기 위해 새로운 내용과 방법으로 깨달음을 주어야 식상함에서 벗어날 수 있습니다. 식상함은 그 대상에 변화가 없어서 느끼게 될 수도 있지만, 스스로 이전과 비슷한 방식으로 생각하고 행동해서 비롯될 수도 있습니다. 상식적으로 생각하다보면 식상해지는 것입니다.

  상식의 틀을 벗어나 다름과 차이를 드러내고, 새로운 틀을 제시해야 식상해지지 않습니다. 상대가 식상해하지 않게 하려면 언제나 놀라움과 즐거움을 선사하려고 노력해야 합니다. 상식常識은 말 그대로 일상日常에서 누구나 쉽게 알고 있는 지식知識입니다. 비슷한 지식을 계속 먹으면 비슷한 생각과 행동을 하게 되고, 결과적으로 자신의 일상이 식상해집니다. 그래서 늘 하던 방식方式대로 하게 됩니다. 상식을 벗어나야 식상하지 않습니다. 상투적인 것에서 벗어나려고 노력해야 상식을 초월하여 식상해지지 않습니다.

● ● **나를 키우는 물음표**

최근 내 일상이 식상해지고 있지는 않은가? 식상해지는 원인은 어디에 있다고 생각하는가? 나는 이전과 다른 방식으로 어제와 다른 것을 추구하고 있는가? 어제와 비교해볼 때 나는 식상함을 벗어나기 위해 얼마나 노력하고 있는가?
식상함을 탈피하려면 상식을 파괴해야 한다.

● ● Start Again

## 내 생각도 틀릴 수 있다.

# 세상에서 가장 아름다운 병,
## 궁금증

● 병이라고 다 나쁜 것만은 아닙니다. '궁금증'이 바로 그런 병의 하나입니다. 세상에서 가장 아름다운 병, 그게 바로 궁금증이 아닐까요?

이에 반해서 세상에서 가장 고통스러운 병의 하나가 조울증입니다. 조울증은 조증mania와 우울증depression이 반복적으로 나타나기 때문에 '조울증'이라고 부르며, 조증과 우울증의 양극단 감정 상태를 보이기 때문에 전문 용어로 '양극성 장애'라고도 부릅니다. 조증의 일반적 양상은 기분이 들뜨고 유쾌해지며 자신감이 넘칩니다. 말이 많고 빨라지며 목소리도 커집니다. 잠이 줄어들고 이것저것 여러 가지 일을 하느라 바쁘지만 제대로 끝내는 것이 없습니다. 반대로 우울증에 빠지면 거의 매일 우울한 기분이 지속되고, 매사에 재미가 없어집니다. 입맛도 없고, 잠을 못자고 피곤하며, 의욕이 없고 집중력이 떨어지며, 죄책감에 시달리고, 심할 경우에는 죽고 싶은 생각까지 듭니다.

궁금증은 심각할수록 좋지만 조울증은 심각할수록 정말 심각한 병입니다. 궁금증은 세상에는 당연한 것이 없고, 물론 그런 세계도 없으며, 원래 그런 세계도 없다고 전재하고 모든 것에 물음표를 던지는 호기심입니다. 궁금증은 호기심을 먹고 삽니다. 궁금증에 걸린 사람은 미지의 세계에 대한 지적 호기심이 발동되어 언제나 물음표를 갖고 다닙니다. 조울증에 걸린 환자는 눈동자가 풀려 있지만, 궁금증에 걸린 사람은 눈동자에 빛이 나고 무엇인가 알고 싶다는 눈빛이 역력합니다.

세상을 바꾸는 힘은 궁금증에서 나옵니다. 위대한 업적과 발명은 모두 한 사람의 궁금증에서 비롯되었습니다. 수많은 사람들이 뉴턴과 마찬가지로 사과가 떨어지는 것을 보았지만 뉴턴만이 그걸 보면서 '왜?'라고 물었습니다. 사과가 위에서 밑으로 떨어지는 것은 당연하다고 생각했던 사람과 사과가 왜 위에서 밑으로 떨어질까라는 궁금증을 가졌던 뉴턴의 차이는 실로 엄청납니다. 의문을 품었던 뉴턴은 만유인력을 세계 최초로 발견했고, 당연하다고 생각한 세상의 수많은 사람들은 뉴턴이 발견한 만유인력으로 시험을 보고 있습니다.

　세상을 움직이는 사람은 남다른 문제의식으로 당연과 물론의 세계에 시비를 걸면서 궁금증을 해소하기 위해 끊임없이 노력합니다. 문을 열고 밖으로 나가 산책을 하면서 자연의 모든 생명체에 물음표를 던져보세요. 세상과 일상의 모든 것이 경이와 경외의 대상으로 다가올 것입니다.


●● **나를 키우는 물음표**

　나는 오늘도 할 일이 너무 많아서 우왕좌왕하며 허둥대고 있지 않은가? 또는 스스로 부정적인 생각을 하면서 우울한 날을 보내고 있지는 않은가? 문을 열고 밖으로 나가 산책을 하면서 자연의 모든 생명체에 물음표를 던져보자. 세상과 일상의 모든 것이 경이와 경외의 대상으로 다가올 것이다.


●● **Start Again**

　물음표가 느낌표를 결정한다.

# 상상은
# 일상에서 시작돼

● 　　　　　상상은 공상空想에서 시작되어 환상幻想의 세계에 빠지기도 하고, 몽상夢想의 세계에 진입하기도 합니다. 공상은 상상이 되지 못하고 환상에 사로잡히기도 하고 허상虛想에 매달려 허상虛像만 잡게 되기도 합니다. 공상이 상상이 되려면 지금 여기, 현실에 근거한 공상을 해야 됩니다. 내가 발을 딛고 서 있는 현실을 기반으로 가보지 않은 미래로 날개를 펼 때 공상은 상상이 됩니다. 일상에 대한 관심과 관찰에 근거하지 않는 상상은 헛된 망상과 의미 없는 공상으로 끝날 수 있습니다. 상상이 공상이나 망상, 환상이나 몽상과 다른 점은 바로 일상에서 시작된다는 점입니다.

상상은 현실에서 느끼는 불편함을 해소하고 치유하기 위해 발동되는 생각 너머의 생각입니다. 상상은 일상에서 포착된 불편함을 감지하는 정서적 능력인 감수성에 근거해야 합니다. 타인의 아픔을 치유하기 위해 아이디어를 구상하는 첫 번째 단계가 바로 상상입니다. 상상이 일상에서 느끼는 불편함과 아픔에 근거하지 않으면 공상이나 허상, 망상으로 전락할 수 있습니다. 이런 점에서 '해리포터' 시리즈를 쓴 작가 조앤 롤링은 '상상력이란 내가 경험해보지 못한 경험을 공감하는 능력'이라고 말했습니다. 남들이 비웃는 괴짜 같은 상상, 바보 같은 생각도 일단 실현되면 이 세상에서 아직 구현되지 않은 이상理想이 되는 법입니다.

공상이든 망상이든 잡상雜想이든, 일단 그것을 현실로 만들려는 노력과 의지가 중요합니다. 상상에 의지가 첨가되면 구상構想이 됩니다. 애매모호한 추상도 현실로 구현시키려는 의지와 열망을 갖게 되면 구체적인 이미지인 구상具象으로 다가옵니다. 구체적인 이미지로 상상하다보면 상상력의 구조와 모습이 가시화되어 구상構想이 됩니다.

상상력imagination은 본래 이미지image로 구현하는 능력입니다. 이런 점에서 상상력의 핵심은 상상하는 이미지가 아니라 상상한 이미지를 현실로 만드는 구상構想 과정에 있습니다. 일본의 유명한 만화영화의 대가인 미야자키식 발상 과정도 우선 나무를 꿈꾸고 씨앗을 고른 다음, 그것을 심어서 싹을 틔우고 줄기와 가지를 키웁니다. 줄기와 가지에서 잎사귀가 자라고 결국에는 잎이 무성한 나무가 되는 과정을 거치면서 자신이 원하는 상상의 나무를 만들어나가는 것입니다.

●● **나를 키우는 물음표**

나는 일상에서 만나는 구체적인 사물을 통해 상상력을 펼쳐본 경험이 있는가? 일상에서 겪은 불편함이나 아픔을 치유하기 위해 상상의 날개를 펼쳐본 경험이 있는가? 지나가다가 문득 떠오르는 온갖 잡상을 가슴 설레는 상상으로 연결시키고 구체적인 대상에 연결시켜보는 구상을 얼마만큼 집요하게 하고 있는가?

●● Start Again

모든 것은 **상상하는 대로** 이루어진다.

# 상상을 해야
# 비상할 수 있어

● 라이트 형제가 하늘을 날 수 있다는 상상을 시작하면서 인간은 위대한 비상飛上을 할 수 있게 됐습니다. 인간도 하늘을 날 수 있다는 비상非常한 상상이 결국 비행기를 만드는 원동력이 된 셈입니다. 인간은 날 수 없다는 상식적인 생각에 머물렀다면 오늘날 하늘을 나는 비행기는 결코 만들 수 없었을 것입니다.

앞으로 다가오는 미래는 지금 우리가 무엇을 상상하는지에 달려 있습니다. 상상이 세상을 바꿉니다. 지금 살고 있는 세상을 바꾸려면 지금과는 다른 상상을 해야 합니다. 상상하는 대로 미래가 열리기 때문입니다. 상상력의 한계가 곧 인류의 한계입니다. 인류 문명의 한계, 국가와 기업 발전의 한계는 기술의 한계가 아니라 상상력의 한계입니다. 상상하면 기술은 따라옵니다. 상상력을 통해 불가능 속에서도 가능성의 문을 열 수 있고, 절망 속에서도 희망을 낳을 수 있습니다.

상상은 언제나 일상에서 시작됩니다. 일상은 상식적인 세계로 이루어져 있지만 상식적인 일상에서도 누군가는 비상非常한 관심과 의문의 화살을 던져 세상 사람들을 놀라게 합니다. 일상에서 비상할 수 있는 원동력을 마련하는 사람은 당연한 일상에 비상非常한 관심을 갖고 있는 사람들입니다. 그들이 만들어낸 상상은 비상한 관심과 주목을 받습니다.

물이 끓는 주전자에서 증기 기관차를 생각할 수 있는 힘은 바로 상상력입니다. 상상력은 모두가 당연하다고 생각하는 일상日常에 시비를 걸고 의문의 화살을 던지며, 일상에서 비상非常함을 발견하는 순간 발동됩니다. 일상에서 비상한 아이디어를 찾아내려면 상식적인 생각에 통렬하게 문제 제기를 할 수 있는 발상이 필요합니다.

세상은 비정상적이며, 비합리적으로 상상해서 구상構想한 사람들이 만들어갑니다. 상상해야 비상飛上할 수 있으며, 비상해야 비상非常한 관심을 받을 수 있습니다.

●● **나를 키우는 물음표**

나는 오늘 일상에 비상한 관심을 갖고 의문의 화살을 던지고 있는가, 아니면 일상 속에서 상식적인 생각으로 일관하고 있는가? 상식에 문제를 제기하고 시비를 걸며 의문을 던지고 있는가?

●● Start Again

관심을 갖고 **관찰**하면
어디서든 내가 **원하는 답**을 찾을 수 있다.

– 유영만, 《상상하여? 창조하라!》, 위즈덤하우스, 2008.

# Stage 4

## 질문과 깨달음의
## 언덕으로 올라와

의심하지 말고 의문을 품고 질문해 | 의견은 편견이 될 수 있어 | 깨우침과 깨침이 있어야 깨달음을 얻을 수 있어 | 기억은 짧고 기록은 길어 | 정보는 획득하는 것이고 지식은 체득하는 거야 | 주식에 투자하지 말고 지식에 투자해 | 휴식이 없으면 지식도 없어

> 내가 '질문'하는 수준이 삶의 수준을 결정한다. 위대한 사람은 매사에 '의문'을 품고 위대한 '질문'을 던진 사람이다. 오늘 내 삶을 송두리째 바꿀 수 있는 '질문'을 준비하자. 내가 준비한 '질문'만큼 세상은 열린다. 흔들리지 않는 주관적인 '의견'을 갖되, 내 의견도 편파적인 견해가 포함된 '편견'이 될 수 있음을 인정하자.

심오한 '진리'가 던져주는 인생 교훈에 대한 '깨달음'은 나 스스로를 깨뜨리고 누군가가 깨우쳐주면 깨치게 되면서 어느 날 갑자기 찾아온다. '깨달음'의 순간은 순간적으로 왔다가 순식간에 도망간다. '깨달음'이 던져주는 교훈과 아이디어는 도망가기 전에 '기록'해두어야 한다. 성공한 사람은 한결같이 메모광들이다. 정보가 지식으로 전환되는 유일한 비결은 몸으로 체험해보는 것이다. 쉽게 '획득'된 '정보'는 '기억'되다 망각할 수 있지만 온몸을 던져 '체득'한 '지식'은 내 몸에 각인된다.

'주식'에 투자해서 일확천금을 노리기보다 꾸준히 노력해서 나만의 '지식'을 축적해나가자. '지식'은 '휴식'을 통해 더욱 아름다운 '지식'으로 전환된다. '휴식'은 그냥 앉아서 쉬는 것이 아니라 아름다운 '지식'을 만들기 위한 폭풍전야의 긴장완화 기간이다. 그래서 '휴식'은 '지식'의 자양강장제다. 멈춤의 '휴식'과 함께 끊임없이 '질문'을 멈추지 말자. '질문'이 멈추면 청춘은 죽는다.

# 의심하지 말고
# 의문을 품고 질문해

● 　　　의심의 눈초리로 사람을 바라보면 그의 표적으로 떠오르는 사람은 왠지 마음이 편치 않습니다. 의심은 사람과 사람, 사람과 대상 사이에 불신이 흐르기 때문에 생깁니다. 부정적인 생각으로 바라보는 눈이 의심의 눈입니다. 이제까지의 정황과 행적에 비추어보아 그럴 리가 없을 때 의심의 눈은 발동됩니다.

　의문은 의심에서 출발합니다. 의심에 머무르고 의문으로 발전하지 못하면 불신은 꼬리에 꼬리를 물고 자라납니다. 의심의 눈초리가 지적 호기심이 담겨 있는 의문으로 발전하는 것입니다. 의문을 가져야 탐구욕이 발동됩니다. 의문은 당연과 물론의 세계에 시비를 걸기 시작하면서 생깁니다. '원래 그런 것은 없다'는 문제의식을 가져야 의문이 생깁니다. 의문을 가져야 탐색이 시작되고, 탐색과 탐사를 통해 본격적인 탐구가 진행됩니다. 그 속에서 모종의 결과를 얻으려면 이제 의문은 질문으로 표출되어야 합니다.

의문이 알고 싶은 마음이라면 질문은 알고 싶은 마음이 밖으로 표현된 것입니다. 궁금하고 알고 싶은 지적 호기심이 의문의 형태로 마음속에 있을 때, 그것이 구체적인 질문으로 표현되면 본격적인 탐구가 시작됩니다. 당연과 물론의 세계에 시비를 거는 질문, 거꾸로 보는 역발상의 질문, 불가능에 도전장을 던지는 질문을 통해 잠자고 있던 뇌세포를 끊임없이 자극하게 됩니다. 어떤 질문의 그물을 던지느냐에 따라 잡을 수 있는 고기의 종류가 결정됩니다.

질문을 하려면 마음속에 어린이의 마음인 동심을 키워야 합니다. 어린이와 어른의 가장 큰 차이점은 무차별적 질문에 있습니다. 모든 것을 궁금해 하고 호기심 어린 눈으로 바라보는 어린이는 세상 모든 것이 지적 호기심의 대상입니다. 호기심은 질문을 먹고 자랍니다.

어린이가 어른으로 자라면서 당연과 물론의 세계에 길들여집니다. 길들여진다는 것은 궁금한 게 점점 없어진다는 말입니다. 궁금한 게 없으니 의문을 품는 일도 없고 질문하는 일도 없습니다. 의문이나 질문보다 의심을 하기 시작합니다. 의문은 사물을 호기심으로 바라보지만 의심은 비난과 힐책의 눈으로 깔아봅니다. 모든 사물에 의문의 그물을 던지고 질문을 하면서 끊임없이 현장을 관찰해야 합니다. 의문을 품고 질문을 던질 때 통찰력이 생기며 통찰에서 창조가 시작됩니다.

### 나를 키우는 물음표

나는 오늘 의심의 눈초리로 누군가를 불신의 눈으로 바라보았는가, 아니면 의문을 갖고 당연과 물론의 세계에 시비를 걸면서 질문을 던졌는가? 내가 어떤 질문의 그물을 던지느냐에 따라 내가 잡을 수 있는 고기의 크기와 종류가 결정된다. 질문의 그물을 던지는 순간, 세상은 지적 호기심의 대상이자 앎의 보고寶庫로 탈바꿈한다.

Start Again

내가 어떤 질문의 그물을 던지느냐에 따라
내가 잡을 수 있는 고기의 크기와 종류가 결정된다.

# 의견은
# 편견이 될 수 있어

● 　　　사람은 살아가면서 세 가지를 먹습니다. 우선 공기를 마십니다. 좋든 싫든 들이마십니다. 호흡은 생명 과정입니다. 호흡이 멈춘다는 것은 곧 생명의 끝이자 죽음을 의미합니다. 둘째, 음식을 먹습니다. 한 사람이 일생 동안 먹는 음식의 양은 약 32만 톤에 이른다고 합니다. 어렸을 때에는 엄마 젖을 먹다가 어느 정도 선택적 의지가 생기면서 자신의 의지에 따라 선택해서 먹습니다. 셋째, 생각을 먹고 자랍니다. 사람이 사람으로 존재 증명을 할 수 있는 방법은 생각이 있는 사람이 되는 것입니다. 우리는 종종 "도대체 너는 생각이 있는 사람이냐?"는 말을 듣습니다. 내 머릿속에 들어 있는 생각이 나의 의지대로 먹

어왔는지는 미지수입니다. 그런데 내가 의사결정을 할 때 판단 과정에서 작용하는 생각이 내 생각이 아닐 수 있습니다. 내 생각도 아닌 생각이 나보고 이래라 저래라 명령을 합니다.

여기서 우리는 내 생각은 온전히 내 것이 아닐 수 있기 때문에 내 생각도 틀릴 수 있다는 생각을 해야 합니다. 내 생각도 틀릴 수 있다는 생각은 남의 생각을 판단할 때 특히 중요합니다. 남의 생각과 의견에 대한 나의 평가도 편견에서 비롯될 수 있기 때문입니다.

의견은 무엇에 대한 나의 입장 표명입니다. 내 입장은 그동안 내가 먹은 생각의 축적 결과 생긴 나의 관점입니다. 입장 표명은 언제나 내 생각을 정리한 결과 이루어집니다. 내 생각의 근본과 가정을 의심해보고 의문을 던져야 합니다. 그래야 편견의 좁은 울타리를 벗어날 수 있습니다.

편견에 빠지지 않기 위해서는 다른 사람의 의견에 귀를 열고 들어주는 개방적인 자세가 필요합니다. 내 의견이 틀릴 수 있으며, 다른 사람의 의견도 일리一里가 있음을 인정할 때 편견의 늪에 빠지지 않습니다. 내 생각은 언제나 진리眞理이고 남의 의견에는 문제가 있으며, 나와 다르기 때문에 무리無理라고 생각하는

것 자체가 지나친 논리적 오류입니다. 남보다 내가 무리수無理數를 두고 있지 않은지 의심해봐야 합니다. 이런 점에서 모든 의견은 의심의 대상이자 의문의 대상입니다. 내 의견만 옳다고 주장하는 사람은 편견에 사로잡힌 사람입니다.

　의견意見이란 의견疑見일 수 있기 때문에 일단 의문疑問의 화살을 던져봐야 합니다. 권위 있는 사람의 의견이라고 무턱대고 의문을 품지도 않고 받아들여야 하는 것은 아닙니다. 일단 세상의 모든 의견은 철학자 후설이 주장하는 '판단 중지'의 괄호 속에 묶어 두어야 합니다. 판단 중지는 어떤 사태나 사물의 속성, 또는 사람의 의견을 선입관이나 편견에 따라 지나치게 자기중심적으로 판단하지 말라는 경고의 의미를 담고 있습니다. 내 생각의 건전성과 의견의 타당성은 타인과의 관계 속에서 형성됩니다. 독단獨斷으로 흐르지 않고 속단의 어리석음으로 질주하는 것을 막으려면 때로 판단을 유보하며 느림과 기다림의 미덕을 배워야 합니다.

● ● **나를 키우는 물음표**

나는 오늘 남의 생각에 비난의 화살이나 판단의 칼을 휘두르지 않았는가? 남의 의견을 다 들어보지도 않고 일방적으로 판단하지 않았는가? 내 생각으로 이루어진 내 의견도 편견일 수 있음을 인정해야 한다. 그렇지 않으면 내 의견으로 남의 의견을 오판誤判하거나 오해誤解할 수 있기 때문이다.

● ● **Start Again**

시작하는 유일한 방법은
그냥 시작하는 것이다.

# 깨우침과 깨침이 있어야
# 깨달음을 얻을 수 있어

●     '깨닫다'는 '깨다'와 '닫다'가 어우러진 말입니다. '깨다'는 잠에서, 꿈에서, 술에서 깨어나는 것처럼 살아 숨쉬며 움직이는 현실에 다시 눈을 뜨고 건너오는 노릇입니다. 즉 '깨다'는 잠을 자고 꿈을 꾸고 술에 취한 듯 흐리고 멍청하던 삶에서 눈을 뜨고 정신을 차려, 맑고 또렷한 본살의 삶으로 건너오는 것을 말합니다. '닫다'는 있는 '힘을 다하여 달려간다'는 뜻입니다. 가야 할 곳, 삶의 과녁을 겨냥하여 힘껏 내달린다는 뜻입니다. 결국 '깨닫다'는 흐리고 멍청하던 삶에서 정신을 차리고 맑고 또렷한 본살의 삶으로 건너와(깨다) 곧장 삶의 과녁을 겨냥하여 내달린다(닫다)는 뜻입니다.

'깨닫다'라는 말은 '알다'라는 말과 질적으로 다릅니다. 손으로 만져보고 눈으로 보며, 입으로 맛보고, 코로 맡고, 귀로 들으면서 부지런히 노력하면 어느 정도 길을 알 수 있습니다. 그런데 깨달음은 노력한다고 시간이 지나면 자연스럽게 찾아오는 것이 아닙니다. 깨달음을 얻을 수 있는 유일한 방법은 오로지 제 마음을 가라앉히고 깨끗하게 비워서 가만히 들여다보는 것뿐입니다. 변덕스럽게 줄곧 날뛰는 느낌도 눌러 앉히고, 쉴 새 없이 허둥대며 헤집으려 드는 생각도 잠재우고, 불쑥불쑥 고개 들고 일어서는 뜻도 잘라버리고, 그런 후에 거울같이 고요해진 마음을 들여다보아야 깨달음을 만날 수 있습니다.

참된 깨달음에 이르려면 우선 깨우침을 쌓아야 하고, 깨우침이 쌓이면 깨침에 이르고, 깨침을 거듭 쌓다보면 어느 날 느닷없이 깨달음을 얻을 수 있습니다. '깨우치다'는 다른 사람의 힘으로 깨어나는 것을 말하지만 '깨치다'는 스스로 깨어나는 것을 말합니다. 즉 깨우침은 수동적·타율적으로 얻어지지만 깨침은 능동적·자발적으로 생깁니다. '깨치다'는 '깨다'와 '치다'가 합쳐진 말입니다. 여기서 '치다'는 북을 치고 종을 치는 것처럼 '깨다'에 힘을 보태는 도움가지입니다(《우리말은 서럽다》, 김수얼 저, 나라말, 2009).

깨닫고 싶지 않은 사람은 없습니다. 큰 깨달음을 통해 지금까지와 다른 삶을 살고 싶은 생각은 누구나 갖고 있습니다. 문제는 깨달음을 얻기 위해 노력하지 않거나 깨달음에 이르는 길을 쉽게 알려고 한다는 데에 있습니다.

깨달음은 안 들리던 귀가 어느 날 갑자기 뻥 뚫리는 것처럼 예고 없이 찾아옵니다. 깨달음을 얻으려면 우선 깨달음을 얻은 사람으로부터 무수히 깨져서 무지몽매한 자신이 깨우침을 얻어야 합니다. 스스로 깨지는 걸 창피하게 생각하거나 두려워해서는 깨우침이 올바르게 전달되지 않습니다. 깨우침은 깨짐의 결과입니다. 깨우침 덕분에 스스로를 깨뜨리게 되고 깨침이 찾아옵니다. 즉 깨침은 깨드림의 결과입니다. 깨침이 축적되다보면 깨달음이 불현듯 찾아옵니다. 깨달음은 또 다른 깨달음에 의해서 무참히 깨져야 합니다. 이렇게 스스로를 부단히 깨뜨리다보면 새로운 깨침이 옵니다. 이런 깨침은 이전과는 다른 깨달음을 선사해줍니다. 결국 깨우침과 깨침, 그리고 깨달음은 종착역이 없는 영원한 미완성 교향곡입니다.

● ● **나를 키우는 물음표**

나는 다른 사람들로부터 어떤 깨우침을 받고 있는가? 깨우침을 통해 지식을 반추하고 성찰하다보면 새로운 깨침을 얻을 수 있다. 익숙한 것과 정든 것으로부터 벗어나는 것이 깨침을 얻기 위한 유일한 방법이다.

● ● Start Again

쪼개지기 전에 깨져라.
쪼개지면 회복이 불가능하지만
**깨지면 깨어날 수 있다.**

## 기억은 짧고
## 기록은 길어

● 　　　기억을 담당하는 뇌는 머리에 있지만 기록을 담당하는 뇌는 손끝에 있습니다. 마음 깊이 간직하고 싶은 중요한 것일수록 봄이라는 방부제를 써야 합니다(《최고의 선물 : 오늘보다 나은 내일을 위한》, 여훈 저, 스마트비즈니스, 2005).

　기록하면 기억의 유통기한은 길어집니다. 김치 맛의 차이는 머리끝에서 생기는 게 아니라 손끝에서 비롯됩니다. 세계에서 최고로 맛있는 김치를 담그는 비법의 소유자가 김치 담그는 법을 책으로 냈다고 합시다. 그 책 속에 들어 있는 대로 따라 해도 오리지널 김치 비법을 갖고 있는 사람이 담그는 김치 맛과는 여전히 좁힐 수 없는 간극이 존재합니다. 그것이 바로 손맛입니다.

손맛은 매뉴얼로 전수할 수 없습니다. 오로지 사람과 사람의 접촉, 무수한 시행착오, 반복되는 연습을 통해서만이 체득體得될 수 있습니다. 남의 정보를 내 지식으로 바꾸는 유일한 방법은 육화肉化·체화體化를 통해 몸에 새기는 것뿐입니다. 깨달음의 최고 경지도 체득體得해야 도달할 수 있습니다.

'적자생존'은 '적'지 않는 '자'는 '생존'할 수 없다는 뜻입니다. 적어야 살아남을 수 있습니다. 그러나 요즘은 컴퓨터 기술이 발전하면서 마우스 하나로 방대한 정보를 복사copy해서 붙일 paste 수 있습니다. 이제 글쓰기는 사물과 일상에 대한 나의 느낌과 경험을 고스란히 녹여내는 것이 아니라 남의 글을 요리조리 인용하면서 짜깁기하는 것이 되어버렸습니다. 땀과 정성이 배인 체험적 글쓰기를 컴퓨터의 복제식 글쓰기가 뺏어가고 있습니다. 참을 수 없는 글쓰기의 가벼움 속에서는 기록하는 손의 수고와 정성을 찾아볼 수 없습니다. 기억에 남는 글을 쓰려면 작은 일상에 대한 미묘한 감정과 경험을 기록해야 합니다.

위대한 작품은 모두 광적인 기록의 결과입니다. 허영만 작가의 《식객》이 탄생한 비결도 발로 뛰어다니면서 맛의 미묘한 차이를 만들어내는 사람들의 비결을 기록한 덕분입니다. 작품은 한 분야를 파고드는 '깊음'과 그 사람만이 갖고 있는 독창적인 '기품'에서 나옵니다. 위대한 창작물은 기억의 파편을 조합한 결과가 아니라 땀과 정성이 만들어낸 작품입니다.

책을 많이 읽는 것도 중요하지만 책을 읽고 난 후 나의 느낌과 통찰력을 얼마나 많이 메모하고 기록했느냐가 더 중요합니다. 주마간산 식으로 훑고 지나가면 가물가물한 기억밖에 남지 않습니다. 손으로 직접 써야 기억됩니다.

● ● **나를 키우는 물음표**

나는 평상시에 떠오르는 생각을 기록할 수 있는 메모 노트를 갖고 다니는가? 책을 읽으면서 기억에 남을 만한 문구와 마주치면 바로 적어두는가? 곳곳에 흩어져 있는 정보를 내 것으로 만들기 위해 노력하고 있는가? 혹시 편집과 인용의 마술을 활용하여 참을 수 없는 가벼운 글을 대량 양산하고 있는 것은 아닌가?

● ● Start Again

손으로 한 기록은 길이길이 기억되지만 머리로 한 기억은 순식간에 사라진다.

# 정보는 획득하는 것이고
# 지식은 체득하는 거야

● 정보란 일단 획득했다고 자동적으로 지식이 되는 것이 아닙니다. 남의 정보가 내 지식으로 전환되려면 몸으로 익히며 노력해야 합니다. 이런 노력과 연습이 바로 체득입니다. 무언가를 획득하기 위해서는 짧은 시간이 걸려도 되지만 체득하는 데에는 많은 시간이 걸립니다. 획득하기 위해서는 순간적 재치와 기교가 필요하지만 체득하기 위해서는 우직한 어리석음만이 필요합니다. 정보를 획득하기 위해서는 요리조리 잔머리를 굴려야 하지만 지식을 내 것으로 만드는 체득 과정에는 머리보다 몸으로 땀 흘리며 수고해야 합니다. 실천이 사라진 정보 획득 과정에서는 지식이 탄생되지 않습니다.

정보를 실제 문제에 적용하면서 우직한 실천을 반복할 때 몸에 각인되는 과정이 바로 체득입니다. 체득은 머리만 굴려서 고민하여 얻어지는 게 아니라 몸을 움직여 고통을 체험한 결과 터득(攄得)되는 것입니다. 정보 공유 권리를 주장하는 수많은 사람들이 정보 가공 의무를 이행하지 않는 경우가 많습니다. 타인의 정보를 획득하려고 열정적으로 노력하지만 정보를 활용하여 내 지식으로 만드는 체득의 과정에는 관심이 없습니다.

정보를 실제 적용하면서 스스로 보고 느끼는 깨달음이 더해지지 않으면 지식은 결코 탄생하지 않습니다. 지금 우리 사회는 남의 지식을 발 빠르게 공유하기 위해서는 바쁘게 움직이고 있지만 남의 정보를 내 지식으로 바꾸려는 우직한 실천은 사라지고 있습니다. 컴퓨터 기술이 발전하면서 방대한 정보도 컴퓨터가 대신하여 내 지식으로 만들어줄 수 있는 것처럼 호도하고 있지만 결코 그렇지 않습니다. 디지털 네트워크를 타고 흐르는 발 빠른 정보의 참을 수 없는 가벼움 속에는 인간적 고뇌와 치열한 문제의식이 없습니다. 지식은 정보의 바다에 살지 않습니다. 정보를 획득하기 위한 노하우는 날로 후퇴하고 있는 게 현실입니다.

● ● **나를 키우는 물음표**

나는 남의 정보를 획득하는 시간이 많은가, 아니면 남의 정보를 활용하여 내 지식으로 창조하는 시간이 많은가? 나의 정보 공유 권리를 주장하는 경우가 많은가, 아니면 정보 가공 의무를 이행하는 시간이 많은가? 산더미처럼 쌓여 있는 정보를 끌어안고 고민하다가 혹시 정보 과부하증에 걸려본 적은 없는가? 정보가 너무 많아서 어떤 정보를 어디에 활용해야 될지 몰라 피곤해지는 정보 피로증후군을 경험해본 적은 없는가? 정보가 많으면 많을수록 좋다는 생각이 언제나 옳은 것은 아니다.

● ● **Start Again**

30분 동안 프레젠테이션 하는 것보다

**3분** 동안 **듣는 게** 효과적이다.

## 주식에 투자하지 말고 지식에 투자해

●　　　　자본주의의 핵심은 주식회사입니다. 회사의 경영을 위해서는 여러 가지 비용이 드는데 여기서 사용되는 기업의 자금을 자본금이라고 합니다. 기업은 여러 사람의 돈을 모아서 자본금을 불려 회사의 가치를 높입니다. 그리고 회사 설립에 투자한 투자자들의 권리를 보장한다는 의미로 주식을 발행합니다. 즉 주식이란 여러 투자자들이 나누어 가진 회사의 가치입니다.

　특정 회사의 가치를 잘못 판단하고 주식을 샀다가 주식主食 걱정을 해야 할 정도로 심각한 경제적 타격을 입는 경우가 있습니다. 물론 주식 투자로 상상을 초월할 정도로 엄청난 이득을 본 사람도 많습니다. 어쨌든 자본주의가 발전하려면 주식 투자는 반드시 필요합니다.

지식 투자는 주식 투자에 비해서 효과가 상대적으로 늦게 나타납니다. 주식은 투자하자마자 바로 급락과 상승을 반복하는 모습이 눈에 보이지만 지식은 투자 효과가 가시적으로 드러나지 않습니다. 주식 투자에는 사야 될지 팔아야 될지 순간적인 판단을 요구합니다. 하지만 지식은 배워야 될지 말아야 될지 순간적인 판단을 요구합니다. 왜냐하면 지식 투자는 무엇을 위해, 왜 해야 되는지에 대한 분명한 목적의식이나 문제의식이 전제되어야 가능하기 때문입니다. 지식 투자자의 비전이나 삶의 목적, 현실에 대한 문제의식이 없으면 지식에 투자하는 것은 무의미합니다. 주식 투자에는 시시각각 절묘한 타이밍이 필요하지만 지식 투자의 시기는 지금부터 늘, 항상, 언제나입니다. 주식 투자는 요행徼倖을 바라고 하는 경우가 많지만 지식 투자는 거행擧行을 꿈꿉니다. 주식은 일확천금을 노리지만 동시에 한 번에 모든 것을 잃을 수 있습니다. 반면에 분명한 목적의식을 갖고 자신의 비전 달성에 필요한 지식에 장기간 꾸준히 투자하다보면 일확천금이 덤으로 따라붙을 수 있습니다. 주식은 심리적 불안 상태를 유발하지만 지식은 창조적 긴장감을 유지해줍니다.

● ● **나를 키우는 물음표**

나는 지금 일확천금을 노리는 주식 투자에 골몰하고 있는가? 아니면 꿈을 달성하는 데 필요한 지식 투자에 몰입하고 있는가? 나는 비전을 이루기 위해 구체적으로 어떤 지식이 필요한지 분명하게 알고 있는가?

지식만이 내 인식의 지평을 넓혀주고 인식의 깊이를 심화시켜준다. 꿈을 실현하고 그 속에서 삶의 보람과 가치를 추구하려면 무엇보다 지식에 투자해야 한다.

● ● **Start Again**

꿈을 실현하려면

무엇보다 **지식**에 **투자**해야 한다.

# 휴식이 없으면
# 지식도 없어

● 　　　　지식은 생각만큼 빠르게 창조되지 않습니다. 지식 기반 사회가 왔다고 저절로 지식이 창조되는 것은 아닙니다. 어떤 사람은 지식이 디지털 네트워크를 통해 빛의 속도로 움직일 수 있다고 허풍을 떨기도 합니다. 물론 정보는 빛의 속도로 디지털 네트워크를 통해 공유될 수 있습니다. 하지만 지식은 지식 창조의 주체와 인간적 접촉을 해야만 공유될 수 있습니다. 정보는 디지털 네트워크나 웹사이트에 접속click하면 얻을 수 있지만 지식은 접촉touch해야만 얻을 수 있습니다. 정보는 효율적으로 공유되지만 지식은 효과적으로 공유될 수 있습니다. 효율은 속도와 친구지만 효과는 느림과 친구입니다. 정보

는 빠른 속도로 움직일 수 있어서 효율적이지만, 지식은 천천히 움직일 수밖에 없어서 효과적입니다. 지식은 효율과 속도를 싫어합니다.

그런데 많은 사람들이 속도와 효율을 부가시켜 지식을 빠르게 공유하려고 합니다. 지식에 속도와 효율이 붙기 시작하면 지식은 사라지고 정보만 난무합니다. 정보가 마치 지식인 것처럼 오인誤認하고 오해誤解해서 오용誤用되면 역기능적 병폐가 나타납니다. 정보를 지식으로 바꾸는 과정에서 수고와 정성을 아끼지 않는 사람일수록 지식기반 사회의 아름다운 꽃을 피울 수 있습니다. '정보의 지식화'가 이루어지려면 느림과 여유, 멈춤과 휴식이 필요합니다. '휴식休息'이라는 한자를 분석해보면 '사람人'과 '나무木', '자신自'과 '마음心'이 어울려서 탄생한 말입니다. 즉 휴식은 '사람人'이 '나무木' 옆에 가서 '자신自'의 '마음心'을 스스로 돌아본다는 의미를 갖고 있습니다. 나무 옆에 기대어 자신의 삶을 돌아보는 성찰 속에서 지식이 탄생되는 것입니다. 그래서 '지식知識'은 '지식止息(멈춰 서서 자신을 반성해보는 지식)'일 뿐만 아니라 '지식遲識(천천히 탄생하는 지식)'이기도 합니다.

지식은 휴식 속에서 지난날을 돌이켜보고 지금의 위치를 성찰하면서 앞으로 어떻게 살아갈지를 곰곰이 고민해보는 가운데 탄생하는 '지식志識(뜻을 갖고 미래를 생각하는 지식)'일뿐 아니라 '지식指識(미래 지향적 꿈을 생각해보는 지식)'이기도 합니다. 지식은 시끌벅적한 시장 한가운데에서 탄생되지 않습니다. 지식은 시장 밖에서 소음이 발생하는 근본적인 원인을 분석하고, 시장 바닥의 의미를 반추해보는 가운데 탄생됩니다. 휴식은 지식을 창조하는 원동력입니다. 휴식 없이 지식은 창조되지 않습니다.

●● **나를 키우는 물음표**

나는 수많은 정보를 주워 모으는 데 많은 시간을 투자하고 있는가, 아니면 수집된 정보로 내 지식을 창조하는 데 더욱 많은 시간을 투자하고 있는가?
수집된 정보를 내 지식으로 창조하는 휴식이 없으면 정보는 지식으로 전환되지 않는다.

●● **Start Again**

대나무가 높이 자라는 것은
마디라는 휴식의 시간이 있기 때문이다.

## 인생의 스승,

## 모건 박사님에게 보내는 스승의 날 편지

한국에서 석사과정을 마치고

학부 전공이던 교육공학으로 박사학위를 미국에서 받을 때까지

저를 오늘의 위치에 오게 만들어주신 모건 박사님,

이분이 바로 저의 박사과정 지도교수님이십니다.

안타깝게도 몇 년 전에 하늘나라로 가셨지만

아마도 저를 지켜보실 거라고 생각합니다.


고민이 있을 때마다 찾아가면

바쁜 일정을 마다하시고 언제나 따뜻한 마음과

화기애애한 분위기로 반갑게 맞아주셨습니다.

당시 모건 박사님은 세계적인 프로젝트를 수행하시면서

대학교수를 겸직하고 계셔서

사실 한국에서 날아온 박사과정 학생 나부랭이를

만나주시는 것만으로도 영광이라고 생각했습니다.

바쁜 일정 속에서도

말이 잘되지 않는 저에게 언제나 큰 힘과 용기를 주셨습니다.

제가 생각하는 학문적 아이디어를 칭찬해주시면서도

현실적 한계와 문제점이 될 수 있는 부분은

꼬집어 주시기도 했습니다.

언제나 인자한 할아버지 같지만

색다른 통찰력을 주시는 스승님이시자

원칙과 규율에는 엄격한 카리스마 넘치는 리더였습니다.

주말에 연구실에 나오셔서 저의 학위논문을 꼼꼼히 읽어보시고

지금도 눈에 선한 빨간 펜으로

일일이 다 보완해야 될 부분을 지적하시고

박사학위를 무사히 마칠 수 있도록 도와주셨습니다.

모건 박사님은 언제나 저에게는 따뜻한 아버지 같았습니다.

무엇보다도 모건 박사님은 제 인생의 잊을 수 없는

은인이시자 멘토이며 스승입니다.

공부하는 동안 학비 걱정 없이 공부에 매진할 수 있도록

장학금도 주시고 소정의 생활비 후원금까지 챙겨주시면서

낯선 이국땅에서 적응할 수 있도록

많은 도움을 아끼지 않으셨습니다.

이런 스승님의 사랑에 보답하기 위해

제가 할 수 있는 일이라곤 글로벌 프로젝트의 일부에 참여해서

지도교수님이 하시는 일을 도와드리는 것뿐이었습니다.


모건 박사님은 졸업 후에도 수시로 안부를 물어보시고

함께 할 수 있는 분야가 없는지 모색해주시고

관심을 보여주셨습니다.

플로리다 주립대학교의 교육공학 박사 졸업생에게 주는

가장 영예로운 상인 'Outstanding Alumni Award'를

제가 받을 수 있게 되었다고 e-mail을 보내주신 적이 있는데

아직도 제 연구실 책상에

그 메일이 유리 밑에 선명하게 보관되어 있습니다.

그 상을 받으러 플로리다 주립대학교에 다시 방문했을 때

뜨거운 포옹으로 그 동안의 그리움을 대신하면서

짧지만 강렬했던 상을 받게 된 사연과 배경을

저를 위해 연설해주셨던 추억,

참으로 감격적인 시상식이었습니다.


안타깝게 저의 박사과정 지도교수님이셨던

모건 박사님은 몇 년 전 오랜 지병으로 하늘나라에 가셨습니다.

이제 보내드리고 싶어도 보낼 수 없는

스승의 날 카네이션을 마음속에 담아 둡니다.


저를 가르쳐주시고 삶의 멘토 역할을 해주셨던

학은을 잊지 않고 더 멋진 스승으로 다시 태어나

스승님이 주신 사랑을 후배와 제자들에게

다시 주면서 스승님의 은혜 잊지 않겠습니다.


당신의 제자, 유영만 드림

지금은 성장보다 성숙해야 될 시간이야 | 남보다 잘하려 하지 말고 전보다 잘하려고 노력해 | 최고는 언제나 최악을 친구로 살아가 | 제대로 하지 않으면 저절로 되지 않아 | 비슷한 일을 또 하고 다른 일을 다시 해 | 초심을 잃지 않아야 뒷심이 발휘돼 | 사라지지 않으려면 살아가야 해

*Stage 5*

성장을 넘어
성숙의 시간에 도착했어

> 아름다움은 아픔을 겪고 보여주는 사람다움이다. '아름다움'은 '앓음다움'에서 나오기 때문이다. 아름다울 때 아픔은 더 이상 아픔이 아니다. 아픔은 찬란한 '아름다움'이다. 아름다운 사람은 남과 비교하지 않고 이전의 자기 모습과 비교해서 더 나아지기 위해 언제나 분투노력하는 사람이다. 아름다운 사람은 언제나 '최악'의 시련과 역경을 극복하면서 힘들고 어렵지만 뭐든지 제대로 하려고 노력한다.

'최고'가 되고 싶은가? '최악'의 환경에서 정면 승부를 걸어라. 저절로 뭔가가 되기를 원하는가? 원칙을 지켜서 기초부터 '제대로' 하라. '제대로' 하지 않고 '저절로' 뭔가가 이루어지기를 바라지 말자. 사물의 '본질'을 잡는 사람이 기회를 잡을 수 있다. '본질'을 파고드는 사람은 비슷한 일을 반복해서 '또' 하기보다는 언제나 원점에서 '다시' 시작한다.

'초심'으로 '다시' 시작하자. 이 정도면 됐다고 마음이 흐트러질 때일수록 처음 일을 시작했을 때의 초보자의 마음으로 '열심히' 노력하는 마음이 필요하다. 모든 일은 끝나야 끝난 것이다. '뒷심'은 마지막까지 포기하지 않고 밀어 붙이는 화룡점정畫龍點睛의 마음이다. 성공은 명사가 아니라 동사다. 스타는 반짝이는 사람이 아니라 사라지지 않기 위해 부단히 노력하는 사람이다. 부단히 노력하는 사람만이 사라지지 않고 '살아가는' 사람이다.

"

# 지금은 성장보다
# 성숙해야 될 시간이야

● 　　　　세계적인 바이올린의 명품인 스트라디바리우스는 다른 바이올린에 비해 가격도 비싸지만 신비한 소리를 낸다는 점에서 수많은 사람들의 관심을 끌고 있습니다. 스트라디바리우스가 신비한 소리를 내는 이유는 여러 가지가 있겠지만 바이올린을 만드는 나무에 있다는 설이 유력합니다. 스트라디바리우스는 빙하기 때 자란 나무로 만들어졌습니다.

　나무는 여름에는 잘 자라지만 겨울에는 거의 자라지 않습니다. 겨울에는 성장을 멈추고 나목裸木으로 버티면서 새봄을 준비하는 휴면기를 갖습니다. 한 가지 분명한 사실은 겨울 동안에도 나무가 자란다는 점입니다. 비록 여름에 비해 활발하게 성장하지는 않지만 겨울에도 모진 풍상과 추위를 나목으로 버티면서 새봄이 올 거라는 희망을 잉태합니다. 그동안 구분하기 어려울 정도로 조금씩 자랍니다. 작은 성장이지만 의미심장한 고통이 나무를 더욱 튼실하게 성장할 수 있게 하는 원동력이 되는 셈입니다.

나무의 성장은 나이테에 그대로 반영됩니다. 나이테 간격이 넓은 것은 여름에 자란 흔적이고 좁은 것은 겨울에 자란 흔적입니다. 나이테 간격이 좁다는 것은 그만큼 나무가 자라는 동안 환경이 녹녹치 않았음을 뜻합니다. 살을 에는 듯한 추위가 계속되는 겨울 동안 나무는 외형적 성장보다는 내면적 성숙을 통해 새봄을 준비합니다.

빠르게 성장한 나무는 외부의 충격이나 압력에 견디지 못하고 부러집니다. 느리게 자란 나무는 시련과 역경을 견뎌냈기에 웬만한 충격과 압력에도 부러지지 않는 내성을 지니고 있습니다. 스트라디바리우스가 신비로운 소리를 내는 것은 바로 빙하기의 혹독한 추위를 견뎌내며 그 고통을 내면적으로 승화시킨 나무의 생존력에서 비롯됩니다.

사람도 마찬가지입니다. 아무런 시련과 역경 없이 탄탄대로만을 걸어온 사람은 작은 장애물과 걸림돌에도 쉽게 넘어집니다.

그러나 고뇌의 족적을 수도 없이 남긴 인생의 뒤안길에는 상처 뒤에 남은 흉터가 아름다운 추억으로 아롱져 있습니다. 걸림돌을 만나면 디딤돌로 삼고, 한계를 만나면 도전하며 자신의 길을 개척한 사람은 빠른 성장보다 느린 성숙의 길을 묵묵히 걸어온 사람들입니다.

빠르고 쉬운 길을 일부러 거부하기는 어렵습니다. 그러나 사회의 밝은 등불 역할을 하는 사람은 진정한 가치를 추구하고 도전 속에서 성취의 보람을 느낍니다. 시련과 역경을 이겨낸 사람에게서는 그들만이 낼 수 있는 인간적 향기와 독창적인 컬러가 있습니다.

지금 우리 주변에는 늘 해왔던 만큼의 단순한 변화로는 극복하기 어려운 난관이 곳곳에 널려 있습니다. 이런 때일수록 급하게 성장하기보다는 내공을 키우는 성찰과 성숙의 시간을 가져야 합니다. 잠시 멈춰 서서 근본적인 자기 변신을 시도해야 하는 것입니다. 변화의 끝에서 변신은 시작됩니다! 탈을 바꿔 쓰는 탈바꿈에는 당연히 성장통이 따르기 마련입니다. 성장통을 이겨내는 사람만이 지금과는 전혀 다른 모습으로 변신할 수 있습니다.

● ● **나를 키우는 물음표**

성장은 완결된 목표를 지향하지만 성숙은 미완성이기에 언제나 희망의 여지를 갖고 있다. 성장은 목표 달성 정도를 문제 삼지만 성숙은 목적지에 이르는 여정에서 느끼고 배우는 깨달음의 소중함을 강조한다. 오늘 나는 성장하기 위해 더 힘을 쏟았는가, 아니면 성숙하기 위해 더욱 노력했는가?

● ● **Start Again**

성장은 완결된 목표를 지향하지만
성숙은 미완성이기에 언제나
희망의 여지를 갖고 있다.

# 남보다 잘하려 하지 말고
# 전보다 잘하려고 노력해

● 　　　　위대한 경쟁일수록 타인과의 경쟁이 아니라 자기 자신과 경쟁입니다. 적은 밖에 있지 않고 안에 있습니다. 바깥에 있는 적보다 안에 있는 적을 물리치는 것이 진정한 의미의 경쟁입니다. 경쟁을 통한 성취도 '남보다'라는 바깥의 기준보다 '전보다'라는 안의 기준에 비추어 본 평가가 소중합니다. 아무리 남보다 잘해도 전보다 못하면 성취감을 느낄 수 없습니다. 전보다 잘하려는 노력이 전보다 나은 자기 자신을 만드는 원동력입니다.

　남보다 잘하려고 노력하는 사람은 경쟁이 곧 상쟁相爭입니다. 타인을 밟고 일어서야 내가 이길 수 있기 때문입니다. 전보다 잘하려고 노력하는 사람에게는 경쟁이 곧 상생相生입니다. 자신을 포함한 모든 사람이 경쟁상대로 모두가 승리하는 게임을 하기 때문입니다. 남보다 잘하려는 사람은 남의 눈치를 보지만 전보다 잘하려는 사람은 내면의 거울에 비춰보며 반성하고 성찰합니다. 남보다 잘하려는 사람은 남보다 나은 위치에 서면 자만自慢하지만, 전보다 잘하려는 사람은 전보다 나은 위치에 서면 자성自省합니다. 전보다 나아지려고 노력하는 사람은 언제나 전과는 다른 모습으로 스스로를 변화시켜 나갑니다.

남보다 나아지려는 사람이 남보다 나아지면 그것은 곧 경쟁의 종식을 뜻합니다. 경쟁을 멈추는 것은 실력을 연마하기 위한 노력을 멈추는 것과 다름없습니다. 실력은 경쟁을 통해 생깁니다. 경쟁력이 곧 실력이라면 경쟁력은 경쟁을 통해 생깁니다. 여기서 경쟁은 바깥에 있는 대상과의 경쟁이 아니라 자신과의 경쟁입니다.

● ● **나를 키우는 물음표**

나는 누군가를 넘어서기 위한 경쟁에 몰두하고 있는가, 아니면 자신의 한계를 넘어서기 위한 경쟁에 몰입하고 있는가? 나는 남보다 나은 실력을 갖추기 위해 싸우고 있는가, 아니면 전보다 나은 실력을 쌓기 위해 자신과의 싸움을 하고 있는가?

**Start Again**

언제고 인생이 쉬웠던 적은 없었다.
남들처럼 살지 말고
처음처럼 살아라!

# 최고는 언제나
# 최악을 친구로 살아가

　　　　　　한양대학교에서 학생들을 가르치면서 40명 전원에게 F학점을 준 적이 있습니다. 책 한 권을 정독해야 쓸 수 있는 리포트를 숙제로 내줬는데 기대 이하였기 때문입니다. 지금도 당시의 학생들은 이 일을 잊지 못하고 술자리에서 꺼내 말하곤 합니다. 그러니 당시 F학점을 받은 학생들은 아마도 뒷말을 많이 했을 겁니다. 그러나 최악의 일이 최고의 일로 이어지기도 합니다. F학점을 다시 안 받기 위해 학생들은 정말 열심히 공부했고, 나중에 인생의 큰 경험이 됐다고 말합니다.

　최고란 최고가 되기 위해 노력하는 사람을 말합니다. 최고는 결과를 말하는 것이 아니라 최고가 되기 위한 과정을 뜻합니다.

최고는 명사가 아니라 동사입니다. 끊임없이 최고가 되기 위해 노력하는 과정에서 최고가 탄생하기 때문입니다.

최고는 최악을 친구로 삼습니다. 최악이 없다면 최고는 순식간에 최하위로 전락하고 맙니다. 최악이라는 시련과 역경 속에서 더욱 빛을 발하는 최고만이 기쁨과 즐거움을 누릴 수 있습니다. 최고가 탄생되는 여정에는 언제나 최악의 시련과 역경이 함께 합니다. 최악은 최고가 되기 위해 반드시 경험해야 되는 필수코스입니다.

《죽음의 수용소 Man's Search for Meaning》,《삶의 의미를 찾아서 The Willing to Meaning》 등의 저서를 남긴 빅터 프랭클은 온갖 수난과 갖은 속박 속에서도 유태인 수용소인 아우슈비츠에서 살아남았습니다. 그는 절망 속에서도 살아남을 수 있다는 희망의 끈을 놓지 않았고 히틀러의 자살 이후 감옥에서 살아나왔습니다. 그 후 그는 감옥에서 경험한 최악의 상황을 인간의 의지로 다스리는 '로고테라피 Logo Therapy' 기법을 개발하고 그 심리학과 분야의 최고 권위자가 되었습니다.

우리는 흔히 최고는 어느 날 갑자기 탄생되었다고 생각합니다. 최고가 되기까지의 과정은 잘 모르지만 결과에 대해서는 잘

알고 있습니다. 최고가 되어 누리는 영광과 환희를 구경하면서 최고가 된 사람을 부러워하고 자신도 그렇게 되고 싶어합니다. 그러나 최고가 탄생하기까지의 과정을 자세히 아는 사람은 별로 없습니다.

과정 없는 결과는 없습니다. 원인 없는 결과도 없습니다. 결과가 있으면 그만큼의 노력이 숨어 있습니다. 숨어 있는 노력, 최악의 고난과 고통을 감내하는 노력이 최고를 탄생시키는 유일한 비결입니다.

최고는 언제나 최선을 다하면서도 부족함과 아쉬움을 느낍니다. 뭔가 부족하고 아쉽다는 느낌은 다음번에 더 잘해야겠다는 아쉬움과 더 잘할 수 있다는 자신감의 다른 표현입니다. 진정한 최고는 겸손합니다. 겸손은 실력 있는 사람만이 보여줄 수 있는 미덕입니다. 실력 없는 사람이 겸손하면 비굴해 보입니다. 겸손은 최고만이 보여줄 수 있는 최고의 자세와 태도입니다. 최고는 언제나 초보자의 마음, 겸손한 마음으로 살아갑니다. 자신이 최고라고 인정하고 안주하는 순간이 퇴보하기 시작하는 순간임을 잘 압니다.

최고를 지키는 유일한 비결은 늘 처음 출발할 때의 마음으로 일하는 것입니다. 최고가 되었어도 새로운 최고가 될 수 있도록 한결같은 마음으로 끊임없이 노력해야 합니다.

● ● **나를 키우는 물음표**

나는 최악의 환경 속에서도 최고가 되겠다는 다부진 꿈을 포기하지 않고 있는가? 최악의 상황을 걸림돌로 생각하는가, 아니면 디딤돌로 생각하는가?
최고는 자신이 처한 상황을 탓하지 않는다. 최고는 문제의 근원을 안에서 찾는다. 인간은 환경의 지배를 받기도 하지만 환경을 지배하기도 한다. 최고는 환경에 휘둘리기 이전에 자신이 환경을 지배할 수 있는 마음을 다진다.

● ● **Start Again**

'절대로 포기하지 마라'는 말을
절대로 쓰지 마라.
좋아하지만 잘할 수 없는 일은
빨리 포기하는 게 좋다.

# 제대로 하지 않으면
# 저절로 되지 않아

● "저절로는 공짜처럼 보이지만, 저절로 되게 하려면 자신을 몽땅 내주어야 합니다. 저절로는 아무렇게나 하는 것처럼 보이지만 저절로 되게 하려면 수많은 실험을 거쳐야 합니다. 저절로는 너무 쉽게 하는 것처럼 보이지만 저절로 되게 하려면 지루한 반복을 거듭해야 합니다《조선 지식인의 글쓰기 노트》, 고전연구회 사암 외 저, 포럼FORUM, 2007).

어느 날 갑자기 저절로 되는 것처럼 쉬워 보이는 일도 알고 보면 저절로 된 것이 아닙니다. 어느 날 갑자기 저절로 되는 유일한 방법은 진지한 실천을 반복하는 것입니다. 실천하는 손이 생각하는 머리보다 위대합니다. 세상을 변화시키는 유일한 방법은 손발을 움직여 실천하는 것입니다. 전문가적인 안목과 독창적인 노하우, 능수능란한 스킬은 오로지 진지한 실천을 반복한 결과 쌓이는 능력입니다.

달인이 되는 유일한 비결은 연습에 연습을 반복하는 것입니다. 우선 달인은 일하는 자세가 다릅니다. 스스로 자기 분야의 최고라는 자부심을 갖고 있지만 자만심에 물들지 않기 위해 항상 초보자의 마음으로 전력투구하는 자세를 잃지 않습니다. 오로지 진지한 실천을 반복할 뿐입니다. 위대함의 이면에는 사소함이 숨어 있습니다. 사소한 일을 쉬지 않고 반복하는 것이 위대한 일을 해내는 유일한 비결입니다.

앞에서도 얘기했듯이 1:29:300 법칙이라는 게 있습니다. '하인리히 법칙'이라고도 불리는 이 법칙은 미국의 한 보험회사 통계 전문가가 대형 사고나 사건이 터지는 패턴을 분석한 결과, 한 번의 돌이킬 수 없는 대형 사태는 스물아홉 번의 사고가 누적된 결과이고, 스물아홉 번의 누적된 사고는 300번의 사건이 누적된 결과임을 밝히는 과정에서 발견된 법칙입니다. 이 법칙을 거꾸로 해석하면 한 번의 위대한 성취는 스물아홉 번의 작은 성공에서 비롯되고, 스물아홉 번의 작은 성공은 300번의 진지한 실천을 반복한 결과 탄생한다는 말이 됩니다. 한 번의 위대한 성취는 어느 날 이뤄지는 것이 아니라 남의 눈에 보이지 않는 300번의 진지한 실천을 반복하는 가운데 탄생한 것입니다. 남들이 보기에는 쉽게 이뤄진 것처럼 보이지만 당사자는 한 번의 위대한 성취감을 맛보기 위해 하루도 쉬지 않고 엄청난 연습을 해온 것입니다.

자신도 모르게 목표를 달성하기 위해 손발이 저절로 움직이는 달인의 경지에 오르기 위한 유일한 비결은 실전처럼 연습하는 수밖에 없습니다. 제대로 해야 저절로 됩니다. 저절로 되려면 제대로 해야 합니다. 저절로 움직이는 상태가 바로 달인의 경지에 오른 상태입니다. 달인은 연습도 실전처럼 반복을 거듭한 결과 저절로 솜씨를 발휘하는 사람입니다.

세상은 머리 좋은 사람이 바꿔나가는 것이 아니라 손발이 움직여서 실천하는 사람이 바꾸어 나갑니다. 변화하려고 계획을 세우는 사람은 많지만 그 계획을 그대로 실천에 옮기는 사람은 많지 않습니다. 계획만으로 나뿐만 아니라 세상은 바뀌지 않습니다. 세상은 오로지 생각한 바를 실천할 때 바뀌기 시작합니다.

언제 어떤 기회가 올지 모릅니다. 기회가 왔을 때 놓치지 않고 잡으려면 평소에 보이지 않는 곳에서 목적을 정하고 조용히 실력을 연마해야 됩니다.

### 나를 키우는 물음표

나는 오늘 전문성을 키우기 위해 무엇을 연습하고 있는가? 연습만이 목표 달성에 필요한 스킬을 기를 수 있는 유일한 방법이다. 재능만으로 목표에 도달할 수 없다. 재능에 스킬이 보태질 때 꿈을 이룰 수 있다. 나는 하루도 쉬지 않고 반복해서 스킬을 연마하고 있는가? 중요한 것은 쉬지 않고 매일같이 실전처럼 연습하는 것이다.

# 비슷한 일을 또 하고
# 다른 일을 다시 해

● '또'라는 말에는 같음이라는 뜻이, '다시'라는 말에는 다름이라는 말이 내포되어 있습니다. '또'라는 말은 같은 일을 되풀이할 때 쓰지만 '다시'라는 말은 어떤 목적을 위해 새롭게 한다는 뜻입니다. '다시'에는 반복이라는 관점에서 현재에 대한 자각과 반성이 담겨 있습니다. 이전의 방식과는 다르게 하겠다는 의지가 서려 있습니다. 즉 기존 방식이나 태도를 반성하고 다른 방법으로 해보겠다는 의미가 포함되어 있는 것입니다. "보고서를 다시 써오라"라고 하면 지금 이 보고서가 마음에 들지 않으니 다르게 써오라는 말입니다. 그런데 만약 "보고서를 또 써오라"라고 하면 앞서 낸 보고서는 그대로 두고 다른 보고

서를 하나 더 써오라는 말입니다. 비슷한 일은 자꾸 또 해야 전문성이 습득됩니다.

'또'는 반복의 빈도와 어울리는 말입니다. 이런 점에서 빈도는 강도의 필수 조건입니다. 빈도 없이는 강도가 생기지 않습니다. 빈도는 성실함의 증표입니다. 하루도 쉬지 않고 꾸준히 반복하다 보면 그 분야의 전문 지식을 저절로 체득하게 됩니다.

세상의 모든 위대함은 작은 실천을 진지하게 반복해서 탄생합니다. 연마나 연습, 단련은 모두 지식과 기술을 반복해서 자신의 것으로 만드는 노력을 말합니다. 하루도 쉬지 않고 한결같이 연습하고 노력해야만 전문성의 강도를 높일 수 있습니다. 《아웃라이어》를 쓴 말콤 글래드웰은 '1만 시간의 법칙'을 주장했습니다. 매일 세 시간씩 십 년을 투자하면 한 분야의 전문가가 될 수 있다는 말입니다. 빈도는 묵묵히, 꾸준히 실천하는 노력의 횟수를 말합니다. 무엇이든 저절로 내 것이 되지는 않습니다.

남의 것이 내 것으로 되려면 머리보다 손을 움직이며 직접 해봐야 합니다. 손발을 움직여 실천하지 않고 머리로만 생각하는 앎은 관념적 앎에 그칠 수 있습니다. 몸을 통해 깨달아가는 과정을 '체화體化', '육화肉化'라고 합니다. 앎의 과정에서 몸이 개입하지 않으면 절름발이 앎에 그치고 맙니다. 몸을 움직여서 깨달아야 앎의 강도가 높아집니다.

같은 연습을 반복하되 남과 다른 방법으로 해야 합니다. 어제와는 다르게 반복해야 남다른 성취를 이뤄낼 수 있습니다. 한류 드라마 〈대장금〉에서 한상궁은 어린 장금이에게 물을 다시 떠오라고 말합니다. 물을 다시 떠오지만 한상궁은 다시 떠오라는 말만 되풀이합니다. 그것은 단순히 물을 다시 떠오라고 하는 게 아니라 물을 떠오라는 사람의 마음을 헤아리며 떠오라는 말입니다. '다시'에는 더 나은 미래에 대한 희망과 낙관이 담겨 있습니다. 이런 점에서 '다시' 떠오르는 태양은 어제를 부정하고 새롭게 시작한다는 상징적 의미가 강합니다. 반면에 '또' 떠오르는 태양은 일출이라는 자연 현상의 반복을 뜻합니다. 일일신우일신(日日新又日新, 날마다 새롭고 또 날마다 새로움)처럼 매일 새로운 모습으로 변신을 거듭하는 사람에게 새로운 길이 열립니다. 변화를 시도하는 사람, 항상 변화의 여정에서 진지하게 실천을 반복하는 사람에게 세상은 지금과는 다른 모습으로 다시 태어납니다.

● ● **나를 키우는 물음표**

같은 일 또는 비슷한 일을 꾸준히 반복해서 연습하고 있는가? 동시에 어제와는 다르게 시도하고 있는가? 반복하되 늘 새로운 방법으로 해보려고 노력하고 있는가?


● ● Start Again

바라지만 말고…, 그것을 향해 움직여라!
Don't wish for it… work for it!

-작자 미상,《성공명언 1001: 영한내역》,
토머스 J. 빌로드 저, 안진환 역, 쌤앤파커스, 2007.

# 초심을 잃지 않아야
# 뒷심이 발휘돼

● 　　　사람이 인생을 살아가는 데에는 세 가지 마음이 필요합니다. 첫째는 '초심', 둘째는 '열심', 그리고 셋째는 '뒷심'입니다. 초심이란 무슨 일을 시작할 때 처음 품는 순수하고 결연한 마음입니다. 열심은 초심에 담긴 의지를 불태워 최선의 노력을 경주하겠다는 마음입니다. 뒷심은 결연한 초심의 의지를 갖고 결단코 해내고야 말겠다는 저력을 뒷받침하는 저돌적인 마음입니다.

　이 중에서도 가장 중요한 마음이 초심입니다. 어떤 일을 시작할 때는 마음을 굳게 먹다가도 점점 열심히 하지 않는 이유는 초심에 담긴 굳은 의지를 잃어버리기 때문입니다. 뒷심이 부족한 것은 힘들고 어려운 일을 마지막까지 파고들어서 끝내야 되는 이유를 잃어버리기 때문입니다. 즉 열심히 달려드는 과정에서 초심이 희석되거나, 끝내야겠다는 뒷심에서 초심의 기억이 희미해지면 작심삼일의 악순환을 반복하게 됩니다. 초심이 서릿발처럼 살아 있을 때 열심히 하겠다는 불같은 의지가 나오고, 초심이 끝까지 유지될 때 뒷심도 마지막 힘을 발휘합니다. 초심이란 겸손한 마음이자 배우는 마음입니다. 일을 처음 시작할 때부터 자만심에 차 있거나 배우겠다는 초보 정신이 없을 때, 그 일은 성공적인 결과를 거두기 어렵습니다.

초심은 무엇인가를 시작할 때 견습생이 갖는 마음입니다. 견습생은 최고가 되기 위해 갈 길이 멀다고 생각합니다. 견습생은 최선을 다해서 하나라도 더 배우려고 노력합니다. 잠시도 한 눈 팔지 않고 배우기 위해 낮은 자세로 노력합니다. 언젠가는 자신도 그 분야의 최고가 될 수 있다는 강한 믿음을 갖고 하루하루를 헛되지 않게 보내려고 노력합니다. 견습생의 마음은 그래서 지금은 힘들고 어렵지만 미래의 언젠가는 꿈을 이룰 수 있다는 희망과 자신감에 차 있습니다.

위기는 초심이 자만심으로 바뀌면서 생겨납니다. 초심을 상실하면 어김없이 위기가 찾아옵니다. 초심이 자만심으로 바뀌고, 자만심이 교만을 만나면 돌이킬 수 없는 나락으로 추락할 수 있습니다. 초심은 관심과 애정으로 보살피지 않으면 식어버리는 사랑과 같습니다. 작심삼일이 되어도 좋습니다. 처음 먹은 마음이 사흘밖에 가지 않더라도 사흘마다 초심에 비추어 반성하는 마음을 유지하면 초심을 잃지 않을 수 있기 때문입니다. 초심에서 멀어질수록 성공도 멀어집니다. 초심에 가까이 갈수록 성공은 가까이 다가옵니다.

●● **나를 키우는 물음표**

내가 지금 하고 있는 일은 처음 시작할 때 가졌던 마음에서 얼마나 벗어나 있는가? 처음 일을 시작할 때의 설레는 마음과 다짐, 원대한 포부, 부푼 꿈이 변질되지 않았는가? 초심을 잃고 그럭저럭 살아가고 있지는 않은가? 일에 대한 열정이 식어서 그저 일을 끝내는 데 의의를 두고 있지는 않은가? 나는 무엇에 몸과 마음을 던져 열심히 하고 있는가?

**Start Again**

세상은 얼마 되지 않는 재주와 기교로

요리조리 머리를 굴리는 사람보다,

작은 실천 속에서 장애물을 넘기 위해

애쓰는 사람에게 길을 내준다.

# 사라지지 않으려면
# 살아가야 해

• 지금은 작고하신 우리말 어원 연구의 권위자이신 서정범 교수가 《국어어원사전》을 출간하신 후의 일입니다. 극구 사양하시는 교수를 모시고 제자들이 출판 기념회를 해 드리는 자리에서 서정범 교수가 한 이야기를 제자 중의 한 분인 조현용 박사가 들려준 적이 있습니다.

"그날 어원사전의 출간에 대해 이야기하시면서, 선생님께서는 지난 세월을 돌이키시며 눈물을 흘리셨습니다. 노교수님의 눈물을 보면서 나는 많은 생각을 하게 되었습니다. 나는 과연 한 연구를 끝내고 눈물을 흘릴 수 있을까, 내가 하는 공부가 눈물을 흘릴 수 있을 만큼 중요한 것인가를 생각해보았습니다. 연구를 끝내고 눈물을 흘리고 싶습니다. 제자들에게 부끄럽지 않은 연구 결과물로 제자들을 뜨겁게 만나보고 싶습니다(《우리말 깨달음 사전》, 조현용 저, 하우, 2009)."

연구가 쉽게 이뤄지는 것은 그만큼 연구 문제가 어렵지 않다는 증표입니다. 연구는 힘들고 어려워야 합니다. 난공불락의 연구 언덕을 넘어 정상에 올랐다 싶으면 어느새 내가 해결했다고 생각한 문제가 또 다른 문제를 물고 앞을 가로막습니다. 연구를 의미하는 영어 'research'는 만족할 만한 답이 나올 때까지 집요하게 물고 늘어지면서 'search'하고 또 'search'한다는 뜻입니다. 물론 그 답도 시간이 지나면 또 다른 문제를 던져주는 잠정적인 답이겠지만 부단히 답을 찾아나서는 여정이 바로 연구입니다.

연구는 공부하는 사람만이 하는 활동이 아닙니다. 삶을 살아가는 사람 모두가 연구자입니다. 자기 인생을 연구하는 사람인 것입니다. '살아가는' 사람은 연구를 하지만 '사라지는' 사람은 연구를 하지 않습니다. 살아가는 사람이 되고 싶은가요, 아니면 사라지는 사람이 되고 싶은가요? 연구하는 사람, 끊임없이 파고들어서 문제의 핵심과 본질을 물고 늘어지는 사람, 그래서 자기 존재의 이유와 정체성을 증명해보고 싶은 사람이 바로 살아가는 사람입니다. 살아가려면 살기 위해 전력투구하고 분투노력하는 수밖에 없습니다. 살아가는 사람은 사라지지 않기 위해 부단하게 애쓰는 사람입니다. 애쓰는 사람이 살아가는 사람입니다.

### 나를 키우는 물음표

살아가기 위해 나는 오늘 무슨 연구를 하고 있는가? 지나온 연구 여정을 돌아보고 성찰하면서 흘리는 가슴 벅찬 눈물, 그러면서 또 다른 문제를 찾아 나서겠다는 다짐과 결의의 눈물, 그런 눈물어린 연구가 우리에게 필요하다. 질문에 불을 붙여야 느낌표에 불이 붙는다! 불타는 질문에 불타는 느낌표가 따라온다.

### Start Again

지금 땀 흘리지 않으면
나중에 진땀을 빼거나
식은땀을 흘릴 수 있다.

용기容器를 깨뜨릴 수 있는 용기勇氣가 필요해 | 도망가지 말고 도전해봐 | 화초보다 잡초가 아름다워 | 아름다운 사람은 앓고 난 뒤 아픔을 견뎌낸 사람이지 | 변화는 책상에서 일어나지 않는다 | 머리만 굴리지 말고 손가락을 움직여봐 | 창문만 바라보지 말고 문을 열고 나가봐

## Stage 6

이제 용기를 갖고
도전할 때가 왔어

> 두려움을 극복하는 유일한 방법은 두려움에 정면 도전하는 것이다. 그게 바로 '용기'다. '용기勇氣'가 '용기容器'를 이길 수 있다. '용기勇氣'는 정신적 그릇이지만 '용기容器'는 물리적 그릇이다.

청춘은 '도망'가기보다 '도전'하기 위해 존재한다. 도전은 불가능을 극복하는 의지의 표현이다. 온몸을 던져 죽을 각오로 '도전'해본 적이 있는가? 비바람을 견디고 외로움을 견뎌내는 이름 모를 '잡초'는 환경을 탓하지 않는다. 주어진 환경에서 무서운 생존능력을 자랑하는 '잡초'는 언제나 아프다. '아픔'은 '아름다움'의 다른 이름이다. 화초는 아름답지만 금방 시드는 연약하기 짝이 없는 한 순간의 '아름다움'이다.

'책상' 위에서 머리만 굴려서는 그 어떤 변화도 일어나지 않는다. 모든 변화는 '일상'에서 손발을 움직여 실천하는 가운데 시작된다. 고민을 치유할 수 있는 유일한 해결책은 '문'을 열고 밖으로 나가보는 것이다. 창밖을 내다보면서 '책상'에서 생각하고 성찰하는 시간보다 손발을 움직여 '일상'에서 행동으로 옮기는 시간이 많아야 한다. 넘어지면 일어나면 되고, 실패하면 다시 시작하면 된다. **도전하지 않으면 후회한다.** 어차피 후회할 거면 '도전'하고 후회하자. 뭔가를 시도하고 느끼는 '후회'는 '후일(後日)'에 새로운 돌파구를 열어줄 수 있다. '도전'만이 나를 새로운 돌파구로 이끌어줄 것이다.

"

# 용기容器를 깨뜨릴 수 있는
# 용기勇氣가 필요해

• 트럭의 컨테이너나 기차의 화물칸에는 적재적량capacity이라는 말이 있습니다. 화물칸에 짐을 실을 수 있는 적당한 양이라는 뜻입니다. 컨테이너는 태어날 때부터 어느 정도의 가능성을 갖고 태어납니다. 그리고 받아들일 수 있는 선천적 능력capacity과 관계가 있습니다. 그릇에 담을 수 있는 용량의 한계를 넘어서면 넘치거나 깨집니다.

사람은 선천적으로 타고난 재능talent을 갖고 있음과 동시에 연습이나 연마로 개발할 수 있는 후천적 능력ability도 갖고 있습니다. 선천적으로 타고난 재능만 믿고 자신을 개발하지 않으면 그 재능은 녹이 슬고 맙니다. 꿈의 목적지에 도달하려면 태어날 때부터 어느 정도 결정된 컨테이너나 재능에 후천적인 연습을 통해 지식과 스킬을 추가해야 됩니다.

꿈의 목적지로 가는 길은 장밋빛 전망만 가득한 탄탄대로가 아닙니다. 넘어서기 어려운 장벽과 건너기 쉽지 않은 외나무다리도 있습니다. 시련과 역경 앞에 좌절하고 절망하는 사람, 자신의 선천적 재능만 믿고 자기계발을 하지 않는 사람, 급물살이 출렁이는 강 위의 외나무다리 앞에서 두려움에 떠는 사람은 결코 가슴 뛰는 꿈의 목적지에 도착할 수 없습니다. 바로 그때 용기가 필요합니다.

용기勇氣는 두려움 속에서도 맞서는 힘입니다. 용기를 의미하는 'courage'라는 말은 가슴을 뜻하는 'heart'에서 유래되었습니다. 용기 있는 사람은 두렵다고 해서 잔머리 굴리며 자신을 합리화하는 방법을 찾지 않고 뜨거운 가슴으로 과감하게 도전합니다. 애초부터 두려운 대상은 없습니다. 단지 대상에 대한 두려운 마음이 가리고 있을 뿐입니다. 자기 앞에 놓인 외나무다리를 건널 것인지, 아니면 두려움에 떨면서 외나무다리 건너편에 있는 꿈과 희망의 세계를 바라보기만 할 것인지는 오로지 선택에 달려 있습니다. 어두운 방을 환하게 밝히기 위해서는 일단 어둠 속으로 들어가야 하는 것처럼 두려움을 극복하는 유일한 방법은 두려움 속으로 들어가는 것입니다. 두렵다고 포기하거나 미루지 않고 정면으로 맞서는 자신감 위에 용기라는 꽃이 핍니다.

무한한 가능성이 기다리고 있는 미지의 세계에 도전하기 위해서는 때로 자신의 그릇을 깨뜨리거나 기존의 그릇에 새로운 콘텐츠를 담을 수 있는 용기容器가 필요합니다. 그릇은 본래 담을 수 있는 용량이 결정되어 있습니다. 그릇의 한계를 극복하는 유일한 방법은 기존의 그릇을 깨뜨리고 새로운 그릇을 마련하거나 전과 다른 새로운 콘텐츠를 담는 것입니다.

타인에 의해 깨지기 전에 스스로 깨뜨려야 합니다. 누군가에 의해 깨지면 뒷수습이 불가능하지만 스스로 깨뜨리면 새로운 그릇을 준비할 수 있습니다. 그릇의 가치는 겉모습보다 어떤 콘텐츠를 담느냐에 따라 결정됩니다. 남다른 콘텐츠를 창조하기 위해서는 남다른 용기가 필요합니다. 결국 용기courage를 발휘해서 용기container에 어떤 콘텐츠를 담느냐가 성공의 관건이 되는 것입니다.

● ● **나를 키우는 물음표**

나를 두려움에 휩싸이게 만드는 것은 무엇인가? 나는 새로운 일이 눈앞에 펼쳐지면 과감하게 도전하는가, 아니면 차일피일 미루거나 포기하는가? 나는 꿈의 목적지에 도달하기 위해 무엇을 연마하고 있는가? 선천적 재능을 지나치게 믿고 자기계발을 게을리하고 있지는 않은가?

● ● **Start Again**

넘어지고 자빠지는 것은 지극히 자연스러운 현상이다. 넘어진 것이 실패가 아니라 넘어지고 나서
## 다시 도전하지 않는 것이 실패다.

## 도망가지 말고
## 도전해봐

• '도망'은 의도했던 일이 잘 이루어지지 않을 거라고 생각할 때 스스로 꼬리를 내리고 피하거나, 상대방의 위세에 눌려 달아나는 것을 뜻합니다. 이런 행동은 뭔가 뜻대로 안 될 때 하게 됩니다. 이에 반해 '도전'은 남들이 불가능하거나 한계라고 생각하는 곳에서 장벽을 넘고 경계를 건너는 것입니다. 도망가는 사람은 해보기도 전에 한계를 긋고 도전을 포기하지만, 도전하는 사람은 남들이 한계라고 생각하는 곳에서 남다른 행동을 합니다. 일류와 이류의 차이는 한계에 도전하느냐, 도전에 한계를 두느냐에 있습니다. 운명은 도전하는 삶에 미소를 보냅니다.

본래부터 넘을 수 없는 벽은 없고, 건널 수 없는 경계는 없습니다. 도전을 포기하고 도망가는 사람 앞에는 모든 것이 장애물이고 걸림돌입니다. 니체는 '도전은 나 이외의 다른 대상에 대한 도전이 아니라 나 자신에 대한 도전'이라고 말했습니다. 도전이란 외부에 존재하는 불가능과 한계에 도전하는 것이 아니라 자신이 한계라고 생각하는 것에 맞서 싸우는 것입니다. 우선 내부의 적을 물리치는 것이 중요합니다. 적은 외부에 있지 않고 내부에 있기 때문입니다.

세상에서 가장 힘들고 어려운 도전 대상은 바로 자기 자신입니다. 스스로를 넘어서면 세상의 모든 것을 넘어설 수 있습니다. 모든 위대한 성취와 승리는 자신과의 싸움에서 이긴 사람들만이 맛보는 즐거움이자 보람입니다. 도전하지 않는 인생은 잠자고 있는 인생이나 다름없습니다. 어제와는 다른 도전을 할 때 삶은 설레고 기다려집니다. 어제와 다른 오늘, 오늘과 다른 내일이 반복된다고 생각해봅시다. 살맛나지 않습니까? 도전은 낯선 곳으로의 떠남이며, 이제까지 가보지 않은 미지의 세계로 들어가는 여행입니다. 도전이 없는 삶은 단조롭습니다. 단조로운 삶은 설레거나 가슴 뛰지 않습니다. 늘 비슷한 일을 반복하다보니

비슷한 결과를 얻을 뿐입니다. 지금까지와는 다른 결과를 얻고 싶다면 지금까지 해보지 않은 새로운 도전을 시작해보세요.

　사람은 두 가지 유형으로 구분할 수 있습니다. 언제나 색다른 도전을 즐기는 사람과 도전을 포기하거나 하던 일만 반복하는 사람, 색다른 도전을 즐기는 사람은 매번 다른 실패를 반복하지만 비슷한 일을 반복하는 사람은 비슷한 실패를 반복합니다. 색다른 도전은 색다른 실패를 남기지만 그 뒤에 실패하지 않는 법을 가르쳐줍니다. 비슷한 실패를 반복하는 사람은 실패를 도약의 발판으로 삼지 못하고 숨기거나 피해야 할 불미스러운 일로 생각합니다. 도전하다보면 실패할 수 있고, 실패를 해봐야 잘하는 일과 잘하지 못하는 일을 알 수 있습니다. 이런 점에서 자기 정체성을 확인하기 위해서는 실패를 해봐야 합니다. 실패 속에서 성공이 다가옵니다. 인생에서 실패가 없다는 건 색다른 도전을 해보지 않았다는 증거입니다. 불가능과 한계에 도전하는 사람이 도약할 수 있습니다.

● ● **나를 키우는 물음표**

내 인생 최대의 도전 과제는 무엇인가? 도전 과제 앞에서 나는 어떤 자세를 갖고 있는가? 혹시 도전을 포기하고 있는가, 불안에 떨면서 도전을 차일피일 미루고 있는가? 나는 어제와 다른 도전을 준비하고 있는가, 아니면 늘 비슷한 도전을 반복하고 있는가? 이제와 다른 나는 어제와 다른 도전을 통해서만이 가능하다.

● ● **Start Again**

한계 앞에서 체념하지 말고
**한계**에 **도전**하는 체험을 즐겨라.

# 화초보다
# 잡초가 아름다워

● 　　　꽃이 피는 풀과 나무 또는 관상용으로 기르는 모든 식물을 통틀어 '화초'라고 합니다. 화초는 주로 온실에서 자랍니다.

'온실 속의 화초'란 어려움이나 고난을 겪지 않고 그저 곱게 자란 사람을 비유적으로 이르는 말입니다. 온실은 화초가 자라는 세상입니다. 온실이라는 세상은 외부 세계와 차단되어 바깥 세상의 추위와 비바람에 관계없이 온화한 기온이 유지되는 세상입니다. 화초는 온실을 떠나서는 살 수 없습니다. 세파를 경험해보지 못했기에 온실이라는 보호막을 없애면 바로 죽고 맙니다. 아무튼 우리가 살아가는 세상에는 온실만 있는 것은 아닙니다. 온실은 여러 가지 삶의 환경 중 하나일 뿐입니다.

　잡초는 태어날 때부터 험난한 환경을 무대로 살아갑니다. 비나 눈에 아랑곳하지 않고 스스로 싹튼 삶의 터전에서 생명의 존재를 드러내며 살아갑니다. 척박한 땅에 떨어진 씨앗 또한 그곳에서 삶의 드라마를 연출해내고, 비옥한 땅에 떨어진 씨앗 또한 그곳에서 나름의 삶을 개척해나갑니다. 길바닥에 떨어진 씨앗은 사람의 발에 밟히고 걷어차이면서 끈질긴 생명력과 자기 존재를 증명하면서 살아갑니다.

　사실 잡초는 인간중심적 사고의 전형을 보여주는 말입니다. 자연에는 많은 식물이 살아가고 있지만 쓸 데 없이 살아가는 생명체는 없습니다. 모든 생명체에는 다 살아가는 이유가 있습니다. 잡초가 자연에 존재하는 이유는 그 나름의 생존 이유가 있기 때문입니다. 언제, 어떤 환경에서도 자신이 떨어진 곳에서 끈질긴 생명력을 보여주면서 자기 존재를 증명하는 생명체가 바로 잡초입니다. 잡초는 온몸으로 흙을 부둥켜안고 살아가기에 비가 많이 와도 떠내려가지 않으며, 가뭄이 극심한 가운데 바람이 불어도 흙먼지가 날리지 않습니다. 잡초는 온갖 수단과 방법을 다 써서 뽑아버리려 해도 인류 역사보다 더 오랫동안 생명력을 자랑하면서 살아왔습니다.

　나약한 인간들이 잡초에게 배워야 할 점은 자신이 살아가는 환경을 탓하지 않고, 오로지 종족 보전을 위한 씨앗 퍼트리기에 몰두하면서 시련과 역경에 굴하지 않는 끈질긴 생명력입니다.

●● **나를 키우는 물음표**

나는 온실 속의 화초처럼 세파와 차단되어 살아가고 있는가? 아니면 잡초처럼 시련과 역경을 목표 달성을 위해 거쳐야 할 과정이라고 생각하는가?

추운 날씨와 세찬 비바람은 온실 속의 화초에게는 성장을 막는 장애물이지만 잡초에게는 더 강하게 성장하기 위한 디딤돌이자 자양 강장제다. 온실 속의 화초가 되지 말고 모진 세파를 견뎌내는 잡초처럼 살자.

●● **Start Again**

당신은 삶이라는 학교에 등록할 것이다. 수업시간이 하루 스물네 시간인 학교에. 당신은 그 수업을 좋아할 수도 있고, 쓸모없거나 어리석은 거짓이라 여길 수도 있다. 하지만 충분히 배우지 못하면 같은 수업이 반복될 것이다. 그런 후에 다음 과정을 나아갈 것이다. 당신이 살아 있는 한 수업은 계속 되리라.

— 체리 카터 스코트, 〈삶이 하나의 놀이라면〉.

# 아름다운 사람은 앓고 난 뒤
## 아픔을 견뎌낸 사람이지

● 아름답다는 말의 어원을 분석해보면 '우리말이 이렇게 아름다울 수가 있을까!' 하고 감탄사가 절로 나옵니다.

첫째, '아름다움'은 '앓음다움'에서 나왔다고 합니다. 아름다움은 앓고 난 뒤 생기는 모습입니다. 아름다움은 그래서 앓고 난 뒤의 사람다움이라고 할 수 있습니다. 앓는 동안 아픔의 상처가 흔적이 되고, 그 흔적은 시간과 더불어 아름다운 추억이 됩니다. 시련과 역경을 견뎌낸 사람의 목소리는 차분하지만 힘이 있고, 힘이 있으면서도 동시에 아련합니다. 진주조개의 영롱함과 아름다움은 조개의 속살에 생긴 상처를 메워가면서 탄생된다고 합니다. 진주가 아름다운 것은 진주조개가 견뎌낸 상처 덕분입니다.

상처 때문에 아픈 게 아니라 상처 덕분에 아름다운 것입니다.

아름다움의 두 번째 어원적 의미는 한자 아름다울 '美' 자에서 찾을 수 있습니다. '美' 자는 '양羊' 자 밑에 큰 '대大' 자와 어우른 글자입니다. 본디 '큰大 양羊'을 뜻했으나 양의 모양과 성질에서 '아름답다' 또는 '예쁘다'의 뜻이 되었다고 합니다. 이보다 더 의미심장한 말은 '양羊이 무럭무럭 커가는大 모습美을 지켜보는 주인의 흐뭇한 마음'이 아름다운 마음이라는 신영복 교수의 해석입니다. 자식들이 별 다른 도움을 주지 않았는데도 무럭무럭 자라서 훌륭한 사람이 되는 과정을 지켜보는 부모의 마음이 아름다운 마음이라는 것입니다.

세 번째, '아름답다'의 의미는 '알다知'라는 동사 어간에 '음'이라는 접미사가 붙어서 생겼다는 주장입니다. '알음知'에 '답다'라는 접미사가 붙어서 생겼다고 합니다. 이 견해는 아는 것知이 아름다움의 본질이 된다는 주장입니다. 이 주장에 따르면 아름다운 사람은 사물의 본질을 제대로 아는 사람입니다. 따라서 아름다움의 반대말은 '추함'이 아니라 '모름다움'입니다. 제대로 아는 사람이 아름다운 사람이고, 제대로 모르는 사람은 추한 사람입니다.

네 번째, 아름다움의 어원적 의미는 '포옹하다'를 의미하는 '안다'에 접미사 '음'이 붙어서 '안음'이라는 말이 생겼고, 이것이 다시 운율상의 매끄러움을 위해 '아름다움'이라는 말이 탄생했다고 합니다. 안을 수 있는 만큼이 어느 정도인지 아는 마음이 아름다운 마음입니다. 분수를 저버리고 지나친 욕심을 부리면 추해 보입니다. 내가 안을 수 있을 정도로 자신의 분수를 알아야 아름다운 사람으로 살아갈 수 있습니다. 내가 감당할 수 있는 수준과 정도를 아는 마음이 아름다운 마음입니다.

● ● **나를 키우는 물음표**

지금 겪고 있는 시련과 역경, 아픔과 슬픔을 아름다운 사람으로 재탄생하기 위한 과정으로 생각하고 있는가? 무엇인가를 제대로 아는 사람이 아름다운 사람이다. 나는 사물과 개념의 본질을 올바르게 이해하기 위해 근원적인 탐구 의욕을 갖고 있는가? 아름다움은 지식의 숙지성熟知性 여부에 달려 있다. 지식이 얼마나 숙성되었느냐에 따라 아름다운 지식인지 아닌지가 결정된다.

● ● **Start Again**

무엇인가를 **제대로** 아는 사람이 **아름다운** 사람이다.

# 변화는
# 책상에서 일어나지 않는다

● 　　　책상에서 배웠어도 일상에서 실천하지 않으면 공염불空念佛에 지나지 않습니다. 머리로 이해했어도 몸으로 실천하지 않으면 사상누각砂上樓閣이 되고 맙니다. 몸으로 실천한 것만이 내 사상이 될 수 있습니다. 사상은 관념적 이해의 산물이 아니라 실천적 적용의 결과입니다. 일상에서 실천이 없는 책상 논리와 이론은 이상異常한 논리論理인 이론異論으로 전락할 수 있습니다. 이론의 출처는 실천이 이뤄지는 현장입니다. 삶의 현장에서, 복잡하고 혼란스러운 피상에서 보이지 않는 구조와 질서를 찾아내는 과정이 바로 공부입니다.

　평범한 일상에서 비범한 이상理想을 발견하려면 관심을 갖고 관찰하면서 규칙적인 질서를 찾아내야 합니다.

관심과 관찰이 통찰력을 가져옵니다. 관찰이 질문을 만나면 위대한 통찰을 가져옵니다. 여기서 말하는 질문은 책상에서 던지는 관념적 질문이 아니라 일상을 관찰하면서 던지는 생생한 질문을 말합니다. 나와 다른 사람들의 삶에 대해 물어봐야 합니다. '나는 지금 어디로 가고 있는가? 나는 무엇을 하고 싶은가? 나는 무엇을 위해 지금 이런 일을 하고 있는가?' 간절함과 절박함이 담긴 질문을 던져야 남다른 통찰력을 얻을 수 있습니다. 평범한 일상에 대한 관심과 관찰이 비범한 이상을 꿈꾸게 합니다.

정채봉 작가의 《처음으로 돌아가라》라는 책에 〈콩씨네 자녀 교육〉이라는 의미심장한 시가 나옵니다.

"광야로 / 내보낸 자식은 / 콩나무가 되었고 / 온실로 들여보낸 자식은 / 콩나물이 되었고."

여기서 광야와 온실은 각각 일상과 책상에 비유될 수 있습니다. 일상과 관계없는 책상에서 가공한 지식으로 일상을 이해하려고 하면 문제가 심각해집니다. 일상을 움직이는 힘이 책상에서 나올수록 일상성은 심각한 위기를 맞습니다.

노동 시인 박노해의 〈정신의 발〉이라는 시에는 책상에서 이뤄지는 공부와 일상에서 이루어지는 공부의 차이가 극명하게 드러나 있습니다.

"책상에서 지리학을 배우고
독도법을 배운 사람들은
지도를 펴들면
산의 높낮이와 길이가
숫자로 떠오른다고 한다
산사람이나 특전사 요원들은
지도를 펴들면
먼저 새소리 물소리가 들린다고 한다
두 발로 산과 계곡을 헤매이고
수없이 실시되는 야외훈련을 통해
손발과 몸으로 독도법을 익혔기 때문에."

일상에서 체득한 지식을 가슴으로 정리해야 감동을 줄 수 있습니다. 산지식은 책상이 아닌 일상에서 나옵니다. 스스로 삶의 주인이 되려면 남의 의견에만 의존하지 말고 확실한 내 주관이 있어야 합니다. 확실한 내 주장은 몸소 겪어본 체험에서 나옵니다. 내 이야기가 있어야 삶의 주인이 될 수 있습니다.

● ● **나를 키우는 물음표**

　책상에서의 고민보다 일상 속에서의 고통이 삶을 바꾸고 세상을 변화시킨다. 나는 오늘 일상에서 무엇을 깨닫고 있는가? 책과 책상에서 얻은 관념을 일상에 적용하여 내 개념으로 만들기 위해 얼마나 노력하고 있는가?
　책 속에 들어 있는 남의 관념은 산책을 통해 내 생각으로 만들어야 한다. 책상에서 읽은 것은 산책을 통해 실천해야 한다.

● ● **Start Again**

　책상에서의 고민보다
　**일상 속에서의 고통이**
　**삶**을 바꾸고 세상을 **변화**시킨다.

# 머리만 굴리지 말고
# 손가락을 움직여봐

● 신영복 교수의 《감옥으로부터의 사색》이라는 책에 보면 다음과 같은 일화가 나옵니다.

"우리 집에 전기공사 하러 온 젊은 친구가 있었습니다. 집에 책이 많으니까 선생이라는 직업은 참 좋겠다고 그래요. 그가 선생이 좋다는 이유는 꽤 철학적이었습니다. 이유인 즉 책상에서는 한 가지밖에 없기 때문이라는 것이었어요. 실제로 일해 보면 열 가지도 넘는다는 것이 그 이유였어요. 이론보다 현실이 훨씬, 아마 열 배쯤 복잡하다는 논리지요. 어째서 열 배냐는 나의 질문에 그가 한 대답은 참으로 명쾌했어요. 손은 하나인데 비하여 손가락이 열 개라는 것이죠. 머리는 한 개지만 머리카락이 많잖느냐는 나의 농담 반론에 그는 머리카락은 복잡하기만 하지 아무 소용없는 것이라는 것이었어요. 손가락은 구체적 실천이지만 머리카락은 죄다 사념이고 관념이라는 뜻이지요."

머리카락과 손가락, 둘 중에 세상을 바꾸는 것은 손가락입니다. '일 온스의 실천이 일 파운드의 관념보다 가치 있다One piece of practice is worth a pound of percept.' 즉 '작은 실천이 실천되지 않는 거대한 생각보다 가치 있다'는 미국 속담이 있습니다. 세상을 파악하는 것은 관념이 아니라 실천입니다. 그런 의미에서 생각하는 머리보다 더 중요한 것은 실천하는 손입니다.

'손은 마음의 칼이다.' 인류학자 제이콥 브로노우스키Jacob Bronowski의 말입니다. 생각이 세상을 바꾸는 게 아니라 생각을 실천하는 손의 마음과 실천이 세상을 바꿉니다. 우공이산愚公移山이라는 사자성어는 '어리석은 노인이 산을 움직인다'는 뜻입니다. 이쪽 산을 저쪽으로 옮기라고 하면 머리 좋은 사람은 그 순간부터 머리를 굴리지만 우직한 사람은 손부터 움직입니다. 머리 좋은 사람이 이런 저런 잔꾀를 부리는 동안 우직한 사람은 묵묵히 하루도 쉬지 않고 작은 실천을 반복합니다. 어느 순간 이쪽에 있던 산이 저쪽으로 옮겨집니다. 머리 좋은 사람은 경탄해 마지않지만 우직한 사람은 입가에 조용히 미소를 띱니다. 진정한 승리자는 머리카락을 움직이는 사람이 아니라 손가락을 움직이는 사람입니다.

● ● **나를 키우는 물음표**

나는 오늘 골똘히 고민만 하면서 시간을 보냈는가, 아니면 언젠가는 해낼 수 있다는 자신감과 끈질긴 근성을 갖고 우직하게 실천했는가? 나는 잔머리 굴리면서 고민하는 데 시간을 낭비했는가, 아니면 잔 손가락을 움직여 실천하는 데 투자했는가?

● ● **Start Again**

침 흘리는 사람보다 **땀** 흘리는 사람이 세상을 이끌어간다. 당신은 지금 침을 흘리고 있는가, 아니면 땀을 흘리고 있는가?

## 창문만 바라보지 말고
## 문을 열고 나가봐

● 창문은 바깥세상을 관조하는 매개지만 문은 집을 드나드는 통로입니다. 창문이 사색과 관조의 세계로 연결되는 문이라면 문은 결단과 실행의 출발점입니다. 창문이 지난날을 돌이켜 보는 반성과 성찰의 매개체라면 문은 창문을 통해 생각하는 것을 실천 현장으로 옮기는 시작점입니다. 창문 없는 집이 없고, 문 없는 집이 없습니다. 마찬가지로 사색이 없는 결단과 실천은 무모하고, 결단과 실천 없는 사색은 무료합니다.

무모한 행동이 버젓이 행해지는 이유는 뼈를 깎는 반성과 성찰이 증발되었기 때문입니다. 무료한 사색과 명상이 계속되는 이유는 그것을 실천하겠다는 결연한 다짐이 사라졌기 때문입니다. 창문을 통해 사색한 결과가 문을 통해 실천으로 연결될 때 삶이 변화합니다. 변화는 손발을 움직여 실천할 때 일어납니다. 그래서 세상은 머리 좋은 사람이 아니라 진지하게 실천해나가는 우직한 사람이 바꾸어갑니다.

지금까지 변화하려고 했던 것이 생각대로 이뤄지지 않았다면 무엇 때문에 그런지, 어떻게 변화해야 하는지 창문을 통해 반성하며 성찰해야 합니다. 때로는 창문을 통해 바깥세상의 불규칙하고 혼란스러운 현상을 관망해야 합니다. 불규칙한 현상 속에서 반복되는 패턴을 찾고, 그 속에서 법칙을 정립해 다가오는 미래를 대비하기 위해서입니다.

관찰이 통찰을 불러오고, 통찰은 창조를 일으키는 원동력이 됩니다. 무엇인가를 창조하기 위해서는 우선 관찰해야 됩니다. 이런 점에서 창문은 남다른 각오와 다짐을 하는 거울이면서 동시에 새로운 변화를 일으키는 창입니다. 바깥세상을 관찰하고 여기서 얻은 통찰력으로 혁신적인 변화를 일으키기 위해서는 문 밖으로 나가야 됩니다. 변화는 홀로 화려함을 뽐내는 독무獨舞가 아닙니다. 오히려 여럿이 함께 어깨동무를 하고 같은 방향으로 매진하는 군무에 가깝습니다. 군무群舞가 시작되는 곳은 문 밖입니다.

● ● **나를 키우는 물음표**

나는 창문만 바라보고 문 밖으로 나가는 실천을 미루고 있지는 않은가? 문 밖에서의 고통 체험이 창문 안에서의 사색과 성찰의 대상이 되고 있는가? 문 안에서 결단을 내리지 못하고 문 밖에서 과감하게 실천하지 못하는 이유는 무엇인가?

지금은 창문을 닫고 문 밖으로 나가야 할 때다. 문 밖의 행동과 실천만이 세계를 변화시킬 수 있다.


● ● **Start Again**

생각지도 못한 사고思考는
생각지도 못한 사고事故에서 비롯된다.

## 어느 독자에게서 날아온 이메일

안녕하세요. 저는 진주에 있는 G대학교 경영학과 3학년에 재학 중인 JHJ이라고 합니다. 오늘 교수님의 책을 읽고 새로운 다짐을 하게 되어 이렇게 메일을 보냅니다. 혼자의 다짐은 다짐으로 끝내버리기 쉽지만, 남에게 알린 다짐은 다짐으로만 끝내버리기 쉽지 않다는 걸 알기에 이렇게 편지를 씁니다. 대학교에 입학하고 학교생활을 하면서 후회되는 것이 있느냐고 물어보면 저는 딱 하나가 떠오릅니다.

"사회에 들고 나갈 나의 무기를 만들지 못했다."

이제 사회로 나가야 하는 지금 저에게는 무기가 없습니다. 좁고 깊게 파 놓은 흔들리지 않는 저만의 무기가 없습니다.

저는 총여학생회 부회장으로 출마하게 되어 얼마 전 선거를 치렀는데 선거를 치르고 나니 몸도 마음도 너무 피곤해 나태해졌습니다. 시험기간이 일주일도 채 남지 않았고, 선거로 수업도 2주나 빠져서 내용조차 모르는데 예전과 달리 책이 잡히지가 않았습니다. 오히려 스마트폰과 인터넷만 부여잡고 마치 공부해야 한다는 사실을 잊으려는 듯 그만해야지, 그만

해야지 하면서도 어영부영 시간을 보냈습니다. 그러다가 책이라도 읽어야겠다는 생각에 도서관에 갔다가 《청춘경영》이라는 책을 뽑아 들었습니다. 책 한 권을 하루 만에 다 읽은 게 얼마 만인지 모르겠습니다. 이 한 권을 다 읽고 나니 저에게 다시금 힘이 나는 것 같습니다. 꺼지기 직전, 연료가 다 떨어져 멈추기 직전의 엔진에 연료가 공급된 기분입니다. 이런 책을 써 주셔서 너무나 감사하다고 말씀드리고 싶습니다.

"남보다 잘하려 하지 말고, 진보다 잘하려고 노력해. / 도전은 나 이외의 다른 대상에 대한 도전이 아니라 나 자신에 대한 도전."

"연구하는 사람, 끊임없이 파고들어서 문제의 핵심과 본질을 물고 늘어지는 사람, 그래서 자신 존재의 이유와 정체성을 증명해 보고 싶은 사람이 바로 살아가는 사람이다. / 언제, 어떤 환경에서도 자신이 떨어진 곳에서 끈질긴 생명력을 보여주면서 자기존재를 증명하는 존재가 잡초다."

"지금까지와는 다른 결과를 얻고 싶다면 지금까지 해보지 않은 새로운 도전을 시작하라."

이 세 가지 맥락들이 저의 눈에 띄었습니다. 요즘 나태해져 있는 저에 대해 왜 그런가 하는 이유를 계속 밖에서 찾으려 했습니다. 왜 이렇게 게을러졌지? 무엇 때문이지? 이유는 바로 저 자신 때문이었습니다. 재수를 하면서 슬럼프에 빠졌다가 헤쳐 나오면서 다짐했던 '나 자신을 사랑하자'라는 말이 무색하게 저를 포기해 버렸었습니다.

내 자신에게는 왜 사랑의 매를 들지 않았는가? 나에게는 사랑의 방법이 항상 방관, 방조였는가? 저 자신을 도전과제라고 생각하고 계속해서 도전하겠습니다. 좀더 능동적이 되겠습니다. 큰 사람이 되겠다고 약속했던 저 자신에게 부끄럽지 않게 저 스스로를 도전과제로 삼겠습니다.

얼마 전 아버지께서 제가 질문을 하나 하셨습니다. "넌 왜 사니?" 아주 본질적이고 쉬운 질문이지만 대답은 너무 어려운 질문이었습니다. '너 왜 사니? 그래, 나는 왜 태어났을까?' 종교를 가진 저는 저에게 주어진 '소명'은 뭘까 하고 생각해본 적이 있습니다.

"왜 하느님은 나에게 소명을 말해주지 않는가? 말해주면 최선을 다해 그 소명을 위해 살 텐데…."

《청춘경영》의 '잡초'가 끈질기게 살아가는 이유가 자신을 증명하기 위해서라는 구절을 읽고는 새로운 깨달음을 얻었습니다. 제 존재의 이유는 누가 알려주는 것이 아니라 내 스스로 증명해야 한다는 사실을, 수동적으로 누군가 이유를 알려줄 때까지 기다리고 있다간 내 존재의 이유는 하찮아질 것이라는 것을, 더 나아가 나를 사랑하는 최고의 방법은 세상에 나의 존재를 증명하는 것이라는 것을!

"지금까지와는 다른 결과를 얻고 싶다면 지금까지 해보지 않은 새로운 도전을 시작하라."

제가 생각하는 저의 무기는 '영어'입니다. 국제기구의 취업을 꿈꾸는 저로서는 영어가 필수적인 요소이기 때문입니다. 영어는 고1 때부터 6년간 나름대로의 방법으로 공부했습니다. 그러나 한 번도 제대로 끝내본 적이 없습니다. 하지만 이번에는 지금까지와는 다른 결과를 얻고 싶습니다. 저는 현재 경영학과 3학년으로 과 1등을 하고 있습니다. 그런데 솔직히 말하면 경영 쪽으로는 관심이 없습니다.

단지 성적으로 성실성을 입증하기 위해, 남들에게 잘 보이기 위해, 기숙사 입사 조건을 충족시키기 위해, 성적을 꾸역꾸역 부여잡고 있었습니다. 그래서 저는 지금까지와는 다른 결과를 위해 지금까지 해보지 않았던 새로운 도전을 하고자 합니다. 우선순위를 영어에 두고, 목적 없는 성적에 대한 집착은 내려놓고자 합니다.

결과적으로, 제 스스로를 도전과제로 삼아 이제껏 실패만 해왔던 '영어'에 대하여 꼭 성공하여 저의 무기로 만들겠습니다. 저의 존재를 증명하기 위해 이제껏 해보지 않았던 새로운 도전을 시작해보겠습니다! 다짐합니다! 이렇게 편지를 읽어주셔서 너무 감사합니다!

## Stage 7

# 어울리는 일을 하다보면
# 꿈은 현실이 돼

각성해야 달성할 수 있어 | 색다르면 저절로 남달라져 | 편안하면 죽고 불편하면 살 수 있어 | 명품은 내면의 기품에서 나오지 | 정지하지 않으면 정진할 수 없어 | 직선은 곡선을 이길 수 없어 | 어울림이 곧 아름다움이야

> 지금까지와는 다른 방식으로 생각하고 시도해야 된다는 깨달음의 '각성'이 와야 쉽게 목표를 '달성'할 수 있어. 그래야 이제까지 몰랐던 사실을 새롭게 깨달아서 새로운 '각오覺悟'를 하게 돼. '각성'해야 '각오'할 수 있어. 내가 가장 먼저 각성해야 될 일은 남들처럼 살아가지 말고 나답게 살아가는 일이야. 나다움은 남다름에서 나오지 않고 색다름에서 나와. 색다른 게 나다운 거고 나다우면 저절로 남달라져. 내가 좀 '불편'하더라도 '불편한' 일을 하면 깨닫는 교훈도 많아지고 모두가 행복할 수 있거든. 불편하고 힘들지만 내면의 깊이에서 '기품'으로 건져 올린 '작품'이 나의 '명품'이 되

는 거야. 진정한 나만의 명품을 개발하기 위해서는 가끔씩 '정지'해서 '방향'을 점검해봐야 다시 '정진'할 수 있는 여력이 생기지. '정지' 없이 '정진'하면 안 한 것만 못해.

성공으로 가는 길은 남들이 간 길에서 찾을 수 없어. 성공으로 가는 길에는 지름길이 없어. 오히려 남들이 가지 않은 길을 찾아 우회하는 '곡선'의 여정에 자기만의 길이 기다리고 있지. 그런 길을 가다보면 자기에게 '어울리는' 길을 찾을 수 있어. 자기에게 '어울리는' 일을 하는 사람이 정말 '아름다운' 사람이야. 아름다움은 어울림에서 나오기 때문이지.

# 각성해야
# 달성할 수 있어

● 소나무는 자신을 둘러싸고 있는 환경이 심상치 않을 때 솔방울을 평소보다 많이 맺는다고 합니다. 생존의 위기가 오면 솔방울을 가능하면 많이 맺어서 후손을 빨리 퍼뜨리려는 소나무의 위기대처법이라고 볼 수 있습니다. 지금의 현실은 오래 전에 우리가 상상한 결과입니다. 우리가 어떤 상상을 하는지에 따라서 우리가 살아갈 미래는 전적으로 달라집니다.

반성하는 마음은 성찰로 이어져야 합니다. 반성은 일과성에 지나지 않지만 성찰은 지속적으로 반성하면서 자신의 내면을 살피는 것입니다. 반성하는 주체는 자기 자신이지만 그 원인은 타인이나 사건입니다. 성찰은 스스로 잘잘못을 따져 물어보면서 보다 나은 생각과 행동을 모색하는 것입니다. 각성은 일상생활에서 미처 깨닫지 못했던 것을 새롭게 알게 되었을 때 불현듯 찾아옵니다. 각성은 여러 가지 계기로 우리에게 다가옵니다. 그러면 우리는 일상생활에서 무엇을 각성하고 깨달아야 할까요?

첫 번째로 각성해야 할 점은 빈센트 반 고흐가 동생 테오에게 보낸 편지글 '밤이 깊을수록 별은 더욱 빛난다夜深星逾輝(야심성유휘)'라는 말에서 찾을 수 있습니다. 시련과 역경이 어두운 밤과 같다면 그 뒤에 찾아오는 달성은 반짝이는 별과 같습니다. '달성'은 시련과 역경이 주는 의미를 각성할 때 찾아옵니다.

두 번째 각성해야 할 점은 내려감이 올라감이라는 사실입니다. 올라가는 것만이 성공이라는 오름 중독증 환자가 많아지고 있습니다. 잘 내려가야 더욱 높이 올라가서 오랫동안 날 수 있습니다.

세 번째 각성해야 할 점은 낮춤이 높임이라는 사실입니다. 소싸움의 기본자세는 머리를 최대한 낮추는 데 있습니다. 머리를 들면 상대방의 소머리로 받쳐 죽을 수 있기 때문입니다. 결국 소싸움에서 이기려면 머리를 상대보다 낮춰야 합니다. 겸손한 낮춤의 미학이 거들먹거리는 높임의 어리석음을 무너뜨릴 수 있습니다. 벼 이삭도 익을수록 고개를 숙입니다. 자신을 낮추는 것이 결국 스스로를 높이는 것입니다.

네 번째 각성해야 할 점은 바닥이 정상이라는 점입니다. 기회의 땅은 높은 곳이 아닌 바닥에 있습니다. 바닥을 쳐봐야 그 바닥을 박차고 올라갈 힘이 생깁니다. 바닥을 쳐봐야 올라가는 방향을 잡을 수 있습니다. 바닥까지 가봐야 지금 내가 어디에 있는지를 알 수 있습니다. 기초와 근본, 본질과 본성은 바닥에서 닦는 것입니다. 바닥에서 다시 시작하는 마음, 그것이 초심입니다. 겸손하게 초심의 마음으로 바닥부터 다시 시작하는 사람만이 위대한 일을 성취할 수 있습니다.

마지막으로 걸림돌이 디딤돌이라는 각성입니다. 무엇인가를 달성하는 과정에는 늘 장애물과 걸림돌이 있습니다. 반전을 거듭하면서 위기를 극복한 사람들, 모두가 불가능하다고 생각했지만 승리의 월계관을 거머쥔 역전의 명수들은 걸림돌을 디딤돌로 생각했습니다. 남다른 목표를 달성한 사람은 좌절과 절망의 나락으로 떨어지지만 걸림돌을 디딤돌로 전환시킨 각성의 주인공들입니다.

● ● **나를 키우는 물음표**

나는 지금 더 높이 올라가기 위해 바닥까지 내려가서 할 수 있는 일이 무엇인지 진지하게 고민하고 있는가? 바닥은 기회를 포착하기 위해 호시탐탐, 절치부심, 암중모색할 수 있는 희망의 텃밭이다.

● ● **Start Again**

밤이 깊을수록 별은 더욱 빛난다.

- 빈세트 반 고흐

# 색다르면
## 저절로 남달라져

● 　　　　일류는 언제나 "색다르게 했다"고 말합니다. 반면 이류들은 항상 "최선을 다했다"고 말합니다. 최선을 다했지만 결과가 좋으리라는 보장은 없습니다. 이제 최선을 다하는 것은 기본입니다. 최선을 다하지 않는 삶은 일단 고려해볼 가치가 없는 인생입니다. 최선을 다하되 남과 다르게를 넘어 색다르게 노력해야 남과 다른 성취를 일구어낼 수 있습니다. 언제나 색다르게 한 사람이 남다른 성취를 만들어 냅니다. 남다른 성취는 색다른 문제의식으로 시작합니다. 색다른 문제의식이 가슴을 뛰게 하고, 잠이 안 오게 하며, 주먹을 불끈 쥐게 만들뿐만 아니라 눈먼 시대 눈을 부릅뜨게 만듭니다. 색다른 문제의식이 있

는 사람은 눈동자에서 불꽃이 튀기고, 걸음걸이가 다르며, 자다가도 벌떡 일어날 뿐만 아니라, 머릿속은 늘 창조적 긴장관계가 유지되며, 가슴은 언제나 두근두근 거립니다.

색다른 문제의식은 바로 이런 점에서 남다른 생각과 남다른 행동을 불러일으키는 원동력입니다. 색다른 문제의식과 색다른 생각은 색다른 자극에 자신을 의도적으로 노출시켜야 가능한 일입니다. 비슷한 책을 읽고 비슷한 사람과 만나고 비슷한 밥을 먹으며, 비슷한 방식으로 일하는 사람에게는 언제나 비슷한 결과만이 나올 뿐입니다. 색다른 성취는 색다른 시도에서 나오고, 색다른 시도는 색다른 생각과 다르게 생각하는 방법을 배우는 데 있습니다. 색다른 사람은 저절로 남달라집니다. 생각하는 방법을 배우되 색다르게 생각하는 방법을 배우는 과정이 공부입니다. 열심히 하는 것과 최선을 다하는 것만으로 일류가 되기 어렵습니다.

● ● **나를 키우는 물음표**
당신은 남다르게 노력하고 있는가, 아니면 색다르게 노력하고 있는가? 남달라지려고 노력하기보다 색달라지려고 노력하는 경우가 더 많은가? 남다름은 색다름에서 나오고 색다름은 나다움에서 나온다. 남달라지기 전에 색달라야 한다. 나다움이 곧 색다름이고 색다름이 남다름이다. 나다움은 결국 남다름에서 비롯되지 않고 색다름에서 유래한다. 색다름은 남과 비교하는 남다름에서 비롯되지 않는다. 색다름은 나만의 색깔에서 만들어진다.

**Start Again**

나다움은 **색다름**에서 비롯되고
색다름은 **남다름**의 비결이다.

## 편안하면 죽고 불편하면 살 수 있어

● 편안함은 인간의 본능적 욕구의 하나입니다. 사람들은 선천적으로 불편한 것을 싫어합니다. 가능하면 편하게 살고 싶어합니다.

'편안하다'는 것은 편리하고 안전하다는 뜻이고, '평안하다'는 것은 평화롭고 안정적이란 뜻입니다. 편안함은 누군가의 불편함을 그 대가로 치루지만, 평안함은 누군가와 함께 누리는 공동의 가치가 될 수 있습니다《마음사전》, 김소연 저, 마음산책, 2008).

편안하다는 것은 누군가가 그 때문에 불안하고 불편할 수 있다는 말입니다. 나의 편안함은 내가 추구한 편리함으로 얻은 소득임과 동시에 타인의 불편함을 담보로 쟁취한 결과이기 때문입니다. 나에게만 혜택을 주는 편리함은 누군가에게 불편하다는 말입니다. 나만 편리하면 다른 사람은 그것 때문에 희생될 수밖에 없습니다. 나의 안전도 중요하지만 다른 사람의 안전도 중요합니다.

이에 반해 평안함은 나에게도 평화롭지만 동시에 다른 사람에게도 평화롭고 안정적입니다. 즉 평안함은 다른 사람의 불안과 불편, 불리를 담보로 생기지 않습니다. 이런 점에서 우리는 편안함보다 평안함을 추구해야 합니다. 편안함의 반대편에 불편함이 존재합니다. 편안함과 편리함을 추구할수록 인간은 병들어갑니다. 인간은 자연을 개발하여 편리하게 만들었지만 그것은 자연 파괴와 환경오염을 일으켜 역으로 인간을 위협하고 있습니다. 편안과 편리의 덫에 걸리면 삶은 죽음으로 줄달음칩니다. 마땅히 해야 될 노동의 대가 없이 편안하고 편리하게 살려는 발상이 도사리고 있기 때문입니다.

우리 삶의 본질은 불편함에 있습니다. 편안함은 창조적 긴장감을 누그러뜨리고 점진적으로 죽음을 불러옵니다.

어느 날, 한 어부가 청어를 잡아 집에 가져가는데 그동안 청어는 다 죽고 말았습니다. 왜일까요? 그것은 청어가 편안했기 때문입니다. 이번에는 청어만 들어 있는 고기 통에 천적인 메기를 집어넣었습니다. 그러자 청어는 싱싱하게 살아남았습니다. 천적인 메기에게 잡아먹히지 않으려고 계속 움직였기 때문입니다. 편안함은 죽음을 불러오지만, 불편함은 살아남을 수 있는 긴장감을 가져다줍니다. 불편함을 감수하고 나면 오히려 마음이 평안해집니다.

● ● **나를 키우는 물음표**

내가 누리고 있는 편안함으로 인해 누군가가 불편을 겪고 있지는 않은가? 인간의 삶의 본질이 불편함에 있다면 나는 지금 어떤 불편함을 감수하고 있는가? 그런 불편함이 내 삶을 어떻게 변화시켜나가고 있는지 잠시 성찰해보자.

● ● **Start Again**

**불편함**을 감수하지 않으면서
사람의 몸과 맘은 **불안**해지기 시작했다.

# 명품은
## 내면의 기품에서 나오지

● 　　프랑스 철학자 들뢰즈에 따르면 사물의 재배치가 사람의 욕망을 부추긴다고 말합니다. 사고 싶은 욕망이 없었는데 '상품' 디자인의 재배치가 '상품'을 사고 싶은 욕망을 자극한다는 것입니다. 누구나 갖고 싶어 하는 '명품'은 주로 밖에 있습니다. 내가 만든 '작품'이 아니라 다른 사람이 만든 '상품'입니다. '작품'에는 창작자의 열정과 철학, 혼과 마음이 고스란히 들어가 있습니다. 그래서 '작품'은 창작자의 컬러와 향기가 묻어납니다. 이에 반해 '상품'은 고객의 욕망을 자극해서 많이 팔기 위해 만듭니다. 고객의 사고 싶은 욕구와 욕망을 최대한 자극해야 합니다. '상품'은 그래서 '신상품'으로 끊임없이 대체됩니다. '상

품'에 철학이 담기고 쉽게 모방할 수 없는 컬러가 담기면 '명품'이 됩니다.

'명품'은 '상품'처럼 쉽게 탄생되지 않습니다. '명품'은 사람의 욕망을 끄는 특이하면서 고유한 철학을 담고 있습니다. 그러나 내가 만들지 않은 '명품'은 소유와 과시의 대상일 뿐 나의 철학과 혼과 열정을 담고 있지 않습니다. '명품'은 '밖'에 있지 않고 '안'에 있습니다. '안'에서 빛나는 '명품'일수록 오래가고 그 사람만의 그윽한 '향기'가 은은하게 퍼질 수 있습니다. '명품'을 '발품' 팔아서 밖에서 찾으면 '반품'할 수 없는 '거품'과 '소품' 인생이 될 수 있지만 '명품'을 자신의 '성품'과 '인품'에서 찾으면 누구도 갖고 있지 않는 자신만의 '작품'을 만들어 '기품'을 발휘할 수 있습니다.

자기만의 '명품'은 하루아침에 탄생하지 않습니다. 매일매일 하루도 쉬지 않고 자신만의 컬러를 가꾸어 나가다보면 어느 순간 자신의 '명품'이 빛을 발하기 시작합니다. 일단 빛을 발하기 시작한 '명품'은 하찮은 세류와 세파에도 아랑곳하지 않고 세상의 어둠을 밝힐 수 있는 등불이 될 수 있습니다. 내 '명품'은 그 어떤 '상품'이나 '작품'하고도 비교되지 않는 내면의 향기입니다.

자기만이 낼 수 있는 향기는 그 어떤 곳에서도 찾을 수 없습니다. 눈을 안으로 돌려 나만의 향기를 낼 수 있는 나만의 컬러, 나만의 '명품'을 개발하고 있는지 내 안을 들여다봅시다. 답은 밖에 있지 않고 안에 있습니다.

● ● **나를 키우는 물음표**

나는 명품을 밖에서 찾고 있는가, 아니면 내 안에서 찾고 있는가? 명품을 소유의 대상으로 생각하는가, 아니면 개발의 대상으로 생각하는가? 나만의 작품을 명품으로 만들기 위해 지금 나는 어떤 노력을 전개하고 있는가? 나의 작품에 담고 싶은 철학은 무엇인가? 다른 작품과 구분되는 내 작품의 독창적인 컬러와 향기는 무엇이라고 생각하는가?

● ● Start Again

'명품'을 밖에서 찾으면
'반품'할 수 없는 '소품'이 된다.

# 정지하지 않으면
# 정진할 수 없어

● 　　　근대 올림픽 슬로건은 '더 빨리, 더 멀리, 더 높이'였습니다. 더 멀리 뛰고 더 높이 날기 위해 더 빨리 달려야 경쟁 상대를 이길 수 있습니다. 그동안 속도는 생존의 필수 요건일 뿐만 아니라 경쟁자보다 앞서기 위해 갖추어야 할 유일한 미덕이라고 강조되어 왔습니다. 그래서 어제보다 빨리 변화에 대응하기 위해 더욱 민첩하게 움직이지 않으면 생존이 보장되지 않는다는 경고가 사람들의 귓전을 때려왔습니다. 가만히 있으면 정체되고, 천천히 가면 죽을 수 있다는 엄포도 사람들을 경각시켜 왔습니다.

　여러 마리의 산양springbok이 산에서 풀을 뜯어 먹고 있습니다. 그런데 앞에서 풀을 뜯어 먹는 산양보다 더 빨리 풀을 먹기 위해 뒤에 있던 산양이 앞의 산양을 밀어붙입니다. 앞의 산양은 뒤의 산양에 뒤처지지 않기 위해 더 빨리 풀을 뜯어 먹으며 앞으로 나아갑니다. 그러다가 뒤에 있던 산양이 앞에 있는 산양을 따라잡기 위해 앞에 있는 산양을 밀어붙이고, 앞에 있던 산양은 뒤처지지 않기 위해 더욱 빨리 앞으로 달려 나갑니다. 이 과정에서 앞에 있던 산양은 전속력으로 질주하기 시작하고, 뒤에 있던 산양도 앞에 있던 산양을 따라잡기 위해 더 빠른 속도로 질주합니다. 결국 산양들은 풀을 뜯어 먹지 않고 온힘을 다해 달립니다. 왜 달리는지 목적도 잊어버리고 그저 달릴 뿐입니다. 목적의식을 상실한 질주는 죽음을 부를 뿐입니다.

검도에는 중단 겨눔이란 게 있습니다. 잠시 멈춰 서 있는 것처럼 보이지만 사실 다음 공격을 위한 치열한 멈춤입니다. 멈춰 있어도 그냥 멈춰 서 있는 게 아닙니다. 중단 겨눔 속에는 폭풍 전야의 긴장감이 감돕니다. 멈춰 있으면서도 공격을 준비하는 것이고 공격하면서도 순간순간 멈추지 않으면 공격은 실패로 끝날 수 있습니다. 중단의 겨눔이 있어야 자신의 위치를 파악할 수 있고, 어디를 공격할지 포착할 수 있습니다. 중단의 겨눔은

급소를 포착하는 치열한 준비의 시간입니다.

속도speed보다 느림slow과 멈춤stop이 중요합니다. 멈추지 않으면 몸이 망가지고 불행이 시작됩니다. 비즈니스맨business man은 비지 맨busy man이 아니라 기업가입니다. 기업가企業家는 사람人이 멈추어 서서止 자신의 업業의 본질을 고민해보는 사람입니다. 모든 것은 멈춤에서 시작됩니다. 지금 멈추지 않으면 내일 달릴 수 없습니다.

● ● **나를 키우는 물음표**

나는 지금 어디로, 왜 가고 있는가? 목적의식과 방향을 상실한 채 앞만 보고 전속력으로 달리고 있지는 않은가? 짧은 시간이라도 잠시 멈춰 서서 하루를 반성해보곤 하는가? 달리기 전에 멈추고, 달리는 도중에 멈춰 서서 잠시 지난날을 돌이켜보고, 지금 왜 여기에 있는지를 반성해보며, 앞으로 갈 길을 생각해보자.

● ● Start Again

속도가 빨라지면
각도는 줄어든다.

# 직선은
# 곡선을 이길 수 없어

● 　　　세상의 모든 아름다움의 근원은 직선이 아니라 곡선에서 나옵니다. 물도 99도까지 끓지 않고 곡선 여정을 그리다 1도 차이로 100도가 되면 폭발적으로 끓어오릅니다. 증기기관차도 211도에서는 움직이지 않다가 212도가 되면 움직이기 시작합니다.

모든 생명체의 시작은 곡선에서 비롯됩니다. 씨앗의 운명도 곡선입니다. 씨앗이 곡선으로 성장해서 맺는 열매도 곡선입니다. 자연의 아름다움은 모두 곡선에서 나옵니다. 곡선의 여정에서 보고, 듣고, 느끼고 깨달은 궤적이 승리감과 성취감을 더욱 크게 해줍니다. 너무 빨리 전공에 매달리고 급하게 취업 준비에 몰두하는 직선의 대학 생활보다 풍부한 교양, 다양한 분야를 넘나드는 안목과 식견을 쌓는 곡선의 대학 생활이 대학 졸업 후의 경쟁력을 가능하게 하는 원천이 됩니다. 죽순도 땅속에서 오랜 시간 동안 어둠의 고독을 벗 삼아 내공을 키우다 땅 위로 나오면 엄청난 속도로 자랍니다. 1년에 12미터씩 직선으로 자라는 원동력은 땅속에서 성장할 수 있는 힘을 곡선으로 비축하는 과정에서 생깁니다.

곡선의 내공 연마 없이 직선주로를 달릴 수 없습니다. 개미도 먹이를 발견하기 전까지는 곡선을 그리면서 방황하다가 먹이를 발견하면 직선 코스로 달려갑니다. 직선보다 곡선이 훨씬 깁니다. 곡선의 길이가 직선의 높이, 즉 성장할 수 있는 가능성을 좌우합니다. 그런데 사람들은 곡선의 길이를 최소한으로 줄이고 직선의 길이를 늘이려고 합니다. 그러나 고민과 방황의 곡선 없이 성공의 길로 내달리는 직선은 생기지 않습니다.

곡선이 직선보다 길어야 합니다. 결국에는 곡선이 직선보다 더 빠르기 때문입니다. 빨리 가려면 더욱 더 곡선으로 우회해야 합니다. 직선으로 달려가는 도로에는 경쟁자가 많습니다. 경쟁에서 이겼다 해도 얻을 게 별로 없을 뿐만 아니라 또 다시 치열한 경쟁 국면으로 돌입해야 합니다. 곡선으로 우회하는 여정에는 경쟁자가 없습니다. 승리와 성취의 기쁨도 직선 경쟁에서 얻을 수 있는 그것보다 훨씬 의미심장합니다. 결국 직선은 곡선을 이길 수 없습니다.

● ● **나를 키우는 물음표**

나는 방황하지 않고 방향을 잡으려 하고 있는 것은 아닌가?
곡선으로 방황하다 직선으로 방향을 잡아도 늦지 않다. 곡선으로 방황하는 궤적에 담긴 고뇌의 길이가 직선으로 방향을 잡는 성취의 높이를 결정한다. 곡선의 아픔이 직선의 즐거움을 가져온다.

● ● Start Again

청춘의 방황이 인생의 방향을 잡아주고
**청춘의 역경**을 뒤집으면 **인생의 경력**이 된다.

# 어울림이 곧
# 아름다움이야

● 　　　어느 분야에서든 최고의 전문가가 되기 위해서는 자신에게 어울리는 일을 찾아야 합니다. 자신에게 어울리는 일이란 하면 신이 나는 일이며, 하지 않으면 늘 마음 한구석이 아쉬운 일입니다. 아쉬운 일을 결연한 각오로 다잡아서 시작할 때 어울림의 서곡이 울려 퍼집니다.

어울리는 일은 성급하게 해치우지 않고 차근차근하면서도 마음은 언제나 현재를 넘어 미래를 향합니다. 어울리는 일을 찾아 나서는 여정이 바로 자신을 발견하는 여정입니다. 어울리는 일은 시작하면 그만둘 수 없으며, 현실의 틀에서 벗어나 도전하면서 느끼는 아름다운 일입니다. 쉽게 찾아지지 않지만 일단 찾으면 벗어나기 어려운 일이며, 그럼에도 항상 벗어남의 일탈을 즐기는 흥미진진한 일입니다.

어울리기 시작하면 흥미진진해집니다. 어울림은 언제나 즐거움과 함께하면서 자신도 모르게 빠져드는 일입니다. 어울리는 일은 모순과 모순이 만나면서도 어긋나지 않고, 조화를 찾아내는 엇비슷한 일입니다. 엇갈려 보이면서도 그 속에서 조화의 변주곡이 연주되는 아름다운 일입니다. 어울리지 않을 것 같지만 어울리는 일, 어울리면서도 어울리지 않을 것 같은 일, 어울림의 낭랑함과 그 낭랑함의 오래감이 어울림의 파장을 더욱 빛나게 합니다.

어울리는 일은 언제나 지난 일에 대한 아쉬움과 다가올 일에 대한 설렘의 이중주로 이루어집니다. 지난 일에 대한 아쉬움을 갖고 있지만 과거에 집착하지 않고 미래를 내다봅니다. 미래를 내다보면서도 현재를 즐깁니다. 어울림은 '어제는'이라는 말보다 '이제는'이라는 말을 좋아합니다. 어울림은 지나온 어제를 생각하되 성찰의 포인트로 삼고, 미래를 전망하되 희망의 기둥으로 삼습니다. 어울림이 아름답고 눈에 띄는 이유는 어제의 아픈 흔적을 견뎌낸 사람이 고뇌와 방황 끝에 찾아낸 자기만의 색깔

이기 때문입니다. 어울림이 아름다움이고 아름다움이 어울림입니다.

● ● **나를 키우는 물음표**

나는 지금 나에게 어울리는 일을 하고 있는가? 나에게 어울리는 일은 과연 무엇인지 찾아보려고 진지하게 노력하고 있는가? 나는 오늘도 나에게 어울리는 일을 찾아 나서고 있는가? 어울리는 일을 찾는 노력이 바로 나를 발견하는 일이다.

● ● Start Again

어울림이 나다움이고
나다움이 곧 아름다움이다.

들이대고 저질러봐
## 유영만의 청춘경영

초판 1쇄 발행 2015년 4월 30일
초판 2쇄 발행 2015년 5월 10일

**지은이 유영만**
**펴낸이 백광옥**
**펴낸곳 (주)새로운 제안**
등록 2005년 12월 22일 제2-4305호

**책임편집 김지수**

주소 (121-894) 서울시 마포구 잔다리로 7길 12-4(서교동)
전화 02-2238-9740  팩스 02-2238-9743
홈페이지 www.jean.co.kr  e-mail webmaster@jean.co.kr

인쇄 예림인쇄  제책 바다제책

ISBN 978-89-5533-470-8 (13320)
ISBN 978-89-5533-471-5 (15320) 전자책

저작권자 ⓒ 유영만 2015
이 책의 저작권은 저자에게 있습니다. 서면에 의한 저자의 허락 없이
내용의 일부를 인용하거나 발췌하는 것을 금합니다.

※책값은 뒤표지에 있습니다.
※잘못 만들어진 책은 구입하신 서점에서 교환해 드립니다.
※저자와의 협의하에 인지는 생략합니다.
※이 책은 《청춘경영》의 개정증보판입니다.

이 도서의 국립중앙도서관 출판예정도서목록(CIP)은 서지정보유통지원시스템 홈페이지(http://seoji.nl.go.kr)와
국가자료공동목록시스템(http://www.nl.go.kr/kolisnet)에서 이용하실 수 있습니다.
(CIP제어번호 : CIP2015009390)